아파트
관리비의
비밀

아파트 관리비의 비밀

초판 1쇄 발행 2014년 2월 28일
초판 4쇄 발행 2016년 9월 19일

지은이 김지섭, 김윤형
펴낸이 김재현
펴낸곳 지식공간

출판등록 2009년 10월 14일 제300-2009-126호
주소 서울 은평구 역촌동 28-76 5층
전화 02-734-0981
팩스 02-333-0081
홈페이지 www.jsgg.co.kr
메일 editor@jsgg.co.kr

ISBN 978-89-97142-24-8 (13320)

관리비의 60%가
누군가의 주머니로 새고 있다

아파트
관리비의
비밀

| 김지섭, 김윤형 함께 지음 |

지식
공간

관리비 내역서를 의심하라

일반관리비, 공동전기료, 기본난방비, 승강기전기료, 청소비, 경비비, 소독비, 수선유지비, 공동수도요금, 생활폐기물수수료, 대표회의 운영비, 장기수선충당금……

늘 친숙하게 보아 오던 아파트 관리비 항목들이다. 동시에 늘 물음표가 찍히는 항목들이기도 하다.

평소 엘리베이터라곤 사용할 일이 전혀 없는데 나는 왜 승강기전기료를 비롯해 수선유지비까지 내야 할까? 전기세 줄이려고 플러그 다뽑고 사는데 이 아파트는 공동전기료를 왜 아끼려고 하지 않는가? 동대표들이 아파트를 위해 무엇을 하는지 모르는데 대표회의운영비는 왜 이렇게 많이 책정된 것일까? 특별히 아파트 관리가 잘 된다는 느낌도 받지 못했는데 일반관리비는 왜 또 이렇게 비싼 것일까?

세대별 전기료, 세대별 난방비는 나와 나의 가족이 쓴 것이니 문제될 게 없다. 그런데 '공동'이나 '일반' 혹은 '기본'이라는 이름으로 부과되는 관리비 항목은 늘 의심스럽다. 내가 쓴 만큼 나에게 부과되는 것인가? 내가 누리고 있는 만큼 나에게 부과되고 있는 것인가? 전에 살던 아파트나 이웃 아파트보다 평당 관리비가 높게 나오면 의구심은 더 커진다. 그렇다고 관리비가 비싼 이유를 납득시켜 줄 사람도 없다. 누군가 장난을 치고 있는 게 아닐까? 아파트 관리가 방만하게 이루어지는 건 아닐까? 그래서 내지 않아도 될 돈까지 억울하게 내고 있는 건 아닐까? 이런 저런 생각 복잡하니, 아파트란 원래 그런 곳이라고 받아들이고 모른 척 참고 살아야 할까?

어느 아파트가 있다. 2009년 이 아파트는 세대별로 평균 100만 원 정도의 관리비를 부과했다(평당 관리비는 약 2만 원으로 일반 아파트보다 2~3배 수준이었다.). 그런데 3년 뒤인 2012년 세대별 평균 관리비는 40만 원까지 떨어졌다. 60만 원이 줄었다. 이를 어떻게 풀이해야 할까? 사람마다 해석이 다르겠지만 60만 원은 내지 않아도 되는 관리비라는 뜻이 아닐까? 그렇다면 그 돈 60만 원은 어디로 샌 것일까? 혹시 누군가의 주머니로 흘러들어간 건 아닐까?

아파트 관리비를 눈 먼 돈으로 여기는 사람들이 있다. 자기들이 조금 유용하거나 대충 써도 별 상관없을 것이라고 생각하는 사람들이 있다. 관리회사, 자치단체 그리고 입주자대표회의다.

입주자대표회의는 자치단체에 이익을 챙겨주고 표심을 얻는다. 관리회사는 돈 세탁을 해주는 곳처럼 활용한다. 아파트 관리비를 놓고 관리회사, 자치단체, 입주자대표회의가 사냥 나선 늑대 무리처럼 똘똘 뭉친다. 액수의 차이는 있겠지만 한 세대당 추가 부과된 60만 원은 이 세 주체의 주머니로 흘러들어가거나 혹은 멍청한 당나귀가 구멍 뚫린 쌀가마 지고 가듯이 길바닥으로 줄줄 새게 만든다(이 아파트의 전체 세대는 1596세대라고 한다!).

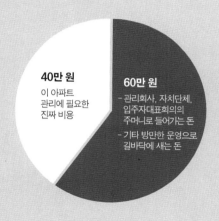

40만 원
이 아파트
관리에 필요한
진짜 비용

60만 원
- 관리회사, 자치단체,
  입주자대표회의의
  주머니로 들어가는 돈
- 기타 방만한 운영으로
  길바닥에 새는 돈

이제 우리는 관리비 내역서의 항목을 고쳐 써야 한다. 이 글 첫머리의 내역은 겉으로 드러난 항목일 뿐 그 속내를 들여다보면 다음과 같다.

일반관리비, 경비비, 수선유지비	누군가의 불법적 이익을 위해 관리회사에 특혜를 주며 갖다 바친 돈
공동전기료, 기본난방비, 승강기전기료, 공동수도요금, 생활폐기물수수료, 청소비, 소독비	아파트 설비에 대한 무지에서 비롯된 엉터리 구매와 계약으로 날린 돈, 아파트 운영에 대한 무지와 방만함으로 길바닥에 뿌린 돈
대표회의운영비, 장기수선충당금……	선거관리위원회에 퍼준 아르바이트 비용, 자치단체 사람들의 표심을 얻기 위해 항목 없이 제공한 용돈……

아직도 '일반관리비'가 '일반관리비'처럼 보이는가? '수선유지비'란 입주자대표회의와 관리회사가 사이좋게 나눠 갖는 용돈일 수 있으며, '공동전기료'는 게으름과 무지의 다른 이름일 수도 있다. '장기수선충당금'은 장난치기 좋은 공깃돌이며, '대표회의운영비'는 대 놓고 훔치는 돈일지 모른다.

이쯤에서 고백할 게 있다. 앞서 예시를 든 아파트는 2009년부터 내가 거주하고 있는 아파트다. 나는, 일대 혼란에 빠졌던 이 아파트에서 2011년부터 2년간 입주자대표회의의 일원으로 활동하면서 관리비 낮추기에 도전했다. '관리비'라는 말이 '관리비'의 사전적 의미 안에서 평범하게 쓰이기를 기대하며 말이다.

이 책은 2009년부터 2013년까지의 기록을 담고 있다. 그 사이 세대 평균 관리비는 앞서 밝혔듯이 최대 113만 원에서 40만 원으로 떨어졌다. 어쩌면 그 40만 원 중에도 여전히 우리가 내지 않아도 되는 돈이 숨어 있는지 모른다. 그건 이제 다른 분들의 역할로 넘기며, 이 책이 관리비 절감, 나아가 행복한 아파트를 만드는 데 일조할 수 있기를 기대한다.

평범한 두 사람을 끝까지 믿고 함께 일해주고 지지해준 아파트 사람들에게, 그리고 지난 2년간 본의 아니게 마음 고생시킨 가족에게 이 자리를 빌려 감사의 말씀을 드린다.

2014년 1월
김지섭, 김윤형

당신이 내는 관리비의 절반이
누군가의 주머니로 사라진다면……

: 100만 원 관리비 폭탄을 40만 원으로 줄인 두 남자의 고군분투기

Part One

Part Two

아파트 관리비,
눈 먼 돈을 만들지 않으려면……

: 〈인건비, 전기료, 계약〉 3대 절감 포인트

아파트를 둘러싼 이해관계

. . .

아파트 관리비, 누군가의 눈에는 전기세, 수도세, 가스비이지만 누군가의 눈에는 주인 없는 돈이다. 주인 없는 돈이라고 생각하는 그 사람은 때로는 환한 웃음으로 인사하는 그 누군가일 수도 있고, 목청 높여 아파트에 문제가 많다고 우리 대신 속 시원히 외치는 그 누군가일 수도 있다. 그래서 아파트 이해당사자들과, 그들의 관계를 파악하는 게 중요하다. 아파트를 둘러싼 사람들에는 누가 있으며 이들의 관계는 어떤가?

시행사

아파트를 짓고 싶어 하는 사람이 있다. 분양을 하여 수익을 남기는 게 목적이다. 이 사람을 '시행사'라고 부른다.

시공사

시행사는 자신이 원하는 대로 아파트를 지어줄 업체를 찾는다. 이들이 '시공사'가 된다. 건설사라고도 부르지만 이 책에서는 '시공사'라고 통일하여 부르기로 한다.

※ 보통 하자가 나면 시공사 책임인 경우가 많지만 시행사도 감리·감독의 책임이 있기 때문에 하자 보증 책임에서 자유롭지 못하다.

관리회사

시공사가 아파트를 짓는 사람이면, 아파트를 관리해줄 사람도 필요하다. 이들이 '관리회사'다(첫 관리회사는 시공사가 선정한다.). 아파트 관련 비리로 말이 많은 곳도 관리회사다. 관리회사는 보통 2년에 한 번 계약을 새로 맺는다[이 책에서는 1기 관리회사, 2기 관리회사라는 표현으로 관리회사를 구분했는데 1.5기 관리회사라는 표현도 등장한다. 우리는 1기 관리회사와 중도 계약 해지했는데 이후 새롭게 계약한 회사를 1.5기 관리회사라고 했다. 그러므로 이 책에는 1기 관리회사(시공사 선정), 1.5기 관리회사(1기 입대의 선정), 2기 관리회사(2기 입대의 선정) 등 총 3곳의 관리회사가 나온다.]. 한편 관리회사 사람 중에 아파트 관리의 총책임을 맡고 있는 사람을 '관리소장'이라고 부른다. 다만 요즘은 이미지 문제 때문에 '관리사무실' 대신 '지원센터', '관리소장' 대신 '센터장'이라고 부르기도 한다.

※ 다시 한 번 정리하면, 시행사는 아파트를 분양하는 곳이고, 시공사는 아파트를 짓는 곳이고, 관리회사는 아파트를 돌보는 곳이다.

입주자 혹은 주민

아파트에 거주하는 사람들을 말한다.

주민회의

아파트는 외부의 공간과 설비를 공유하며 살아가는 공동체이기 때문에 설비 하나를 교체하더라도 주민 동의가 필요하다. 그래서 반상회를 여는 것이고, 이런 회의를 통해 의견을 나누게 된다. 이렇게 열리는 반상회 같은 주민의 모임을 '주민회의'라고 부른다.

동대표

주민회의가 개최되면 주민회의를 대표할 수 있는 '동대표'를 뽑게 된다. 동대표는 해당 거주 주민들을 대표하게 된다. 일종의 국회의원이라고 보면 무리가 없을 것 같다. 동대표는 주택법 및 관리규약에 따라 주민 투표로 결정한다. 선거구당 후보가 2명이 넘을 때는 경선을 통해 다득표자가 동대표가 된다. 후보가 1명일 때는 주민에게 의견을 물어 50% 이상의 찬성을 얻으면 당선이 된다(선관위가 각 세대를 방문하며 동의 여부를 물을 수 있는데 이를 '방문 투표'라 한다.).

입주자대표회의(입대의)

동대표들끼리 모임을 연다. 이게 '입주자대표회의'다. 회의를 진행할 수 있는 가장 높은 기구로, 일종의 국회다. 이 책에서는 '1기 입대의, 1.5기 입대의, 2기 입대의'와 같이 셋으로 구분했다.

입주자대표회의 회장(대표회장)

입주자대표회의가 출범하면 회장을 뽑게 된다. 동대표는 누구나 회장 선거에 출마할 수 있다. 주민 전체 투표 방식으로 회장을 선출하는데 표를 가장 많이 얻은 사람이 '입주자대표회의 회장'으로 선출된다.

입주자대표회의 집행부(입대의 집행부)

회장이 선출되면 회장을 지지했던 사람들이 다수파가 되어 입주자대표회의의 핵심 인력이 된다. 이들이 '입주자대표회의 집행부'가 된다. 정치로 보면 여당에 해당하는데 이들이 아파트 관련 일을 결정하는 주체가 된다.

선거관리위원회(선관위)

동대표뿐 아니라 회장을 뽑을 때도 선거관리위원회를 조직한다. 희망하는 사람은 누구나 선관위를 할 수 있다. 보통 선관위는 가까운 사람들끼리 활동하는 경우가 많은데 특정 후보에 유리하게 행동하는 경향을 보인다. 마음에 안 드는 후보가 나오면 자격을 문제 삼아 후보 자격을 박탈하기도 하고, 단일 후보일 때는 일부러 세대 방문을 하지 않아 투표를 무효로 만드는 경우도 있다. 투표 날짜와 장소를 임의적으로 조정, 투표율을 떨어뜨려 일부 단체의 힘을 강화시키는 경우도 있다. 예컨대 투표장을 해당 선거구에서 멀리 떨어진 곳에 설치하거나 평일 이른 시간에 마감을 하여 주민 투표율을 떨어뜨린다. 물론 이런 행태는 선관위의 본래 임무와는 아주 거리가 멀다.

참고로 투표는 세대당 1투표권이 부여된다. 우리 아파트는 1596세대가 살고 있으니 총 투표수는 1596표가 된다.

자치단체

아파트에는 친목을 도모하기 위해 주민들이 자체적으로 만드는 모임이 있다. 노인회, 부녀회를 비롯하여 등산회 등 취미나 연령, 관심사가 비슷한 사람들끼리 조직한 각종 친목회들이다. 이 모임을 '자치단체'라고 부른다. 그런데 자치단체 가운데 아파트 운영에 영향력을 행사하려는 사람들이 있다. 많은 아파트에서 공통적으로 관찰되는 현상인데 주로 노인회와 부녀회가 그렇다. 참고로 아파트에서 법규상 공식적인 기관은 입주자대표회의와 선거관리위원회로, 자치단체는 여기에 속하지 않는다. 달리 말해 아파트 관련 업무와는 공식적으로 아무 연관이 없는 곳이라는 뜻인데, 실제로는 영향력을 행사하는 경우가 흔하다.

※ 이해관계도

시행사부터 자치단체까지 아파트를 둘러싼 사람들은 대충 이 정도다. 더 중요한 것은 이들 사이의 관계다. 그림으로 살펴보자.

그림을 보면 가운데 1.5기 입대의 집행부라고 적혀 있고, 나란히 2기 입대의 집행부가 있다(1기 입대의에 결원이 생기면서 다시 동대표를 뽑아 입대의를 재구성했는데 이를 1.5기 입대의라고 한다.).

다시 한 번 말하지만 아파트 이해관계자 가운데 가장 중요한 역할을 하는 곳이 입대의 집행부다. 이들이 어떻게 하느냐에 따라 아파트 생활 만족도와 관리비가 달라진다.

그림의 한가운데 점선이 있는데 점선의 왼편부터 보기 바란다. 1.5기 입대의 집행부와 이해당사자들의 관계를 보여준다. 먼저 1.5기 관리회사(1기 입대의가 들어서자 곧 1기 관리회사와는 계약 해지하였고, 이후

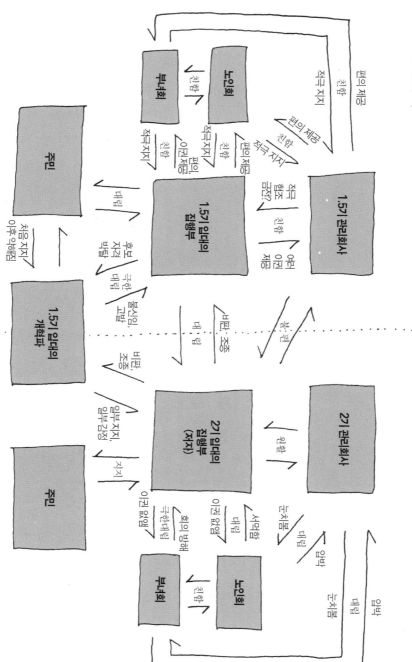

아파트 이해관계도

계약한 관리회사를 말한다.)와의 관계는 '친함'이라고 적혀 있다. 친하다는 건 실제로 친구처럼 막역한 사이라는 뜻이 아니라 무언가 주고받는 게 있다는 뜻이다. 화살표를 보면 집행부는 관리회사에 여러 이권을 주고, 관리회사는 집행부에 적극적인 협조와 확인되지 않는 금전적 보상을 주는 것으로 표시되어 있다(금전적 보상을 주었다는 확실한 증거는 없다. 그러나 아무 이유 없이 이권을 제공하는 것은 쉽게 설명이 되지 않는다. 의혹이 짙다.).

노인회와 1.5기 입대의 집행부의 관계 역시 '친함'이다. 친함이 어떤 뜻인지는 더 말할 필요가 없을 것 같다. 부녀회와의 관계도 마찬가지다. 또한 1.5기 관리회사와 노인회, 부녀회 사이의 관계도 모두 '친함'이다. 그리고 대부분 편의나 이권을 '적극 지지'와 맞바꾸고 있음을 알 수 있다.

그러나 '주민'과의 관계를 보면 이야기가 달라진다. 1.5기 입대의 집행부는 주민들과 대립 관계에 놓여 있다. 주민들 입장에서 1.5기 입대의 집행부가 마음에 들지 않는 부분이 있는 것이다. 여러 가지 이유가 있겠지만 두 가지로 압축하면 관리비 폭탄과 의사소통 부재 때문이다. 1.5기 입대의 집행부는 주민과의 의사소통에 불성실했으며 관리비 폭탄을 제거하지 못했다.

1.5기 입대의 집행부와 가장 극렬한 대립 상황을 연출한 사람들이 있다. 1.5기 입대의 가운데 개혁파에 속하는 사람들로, 여당인 집행부가 아니라 소수파인 야당에 속하는 사람들이다. 이들은 1.5기 입대의 집행부를 대상으로 불신임을 진행하고, 법원에 고발하는 등 가장

적극적으로 1.5기 입대의에 대한 불만과 비판을 내놓았다. 처음 주민들은 1.5기 입대의 개혁파를 쌍수 들고 환영했으나 대립 양상이 도를 넘어서자 서서히 지지를 철회하기 시작했다.

이번에는 점선의 오른쪽을 보기 바란다.

오른편의 중심은 2기 입대의 집행부다. 이곳에 우리가 속해 있다. 2기 입대의 집행부는 주민들의 지지를 받고 탄생한 만큼 1.5기 입대의 집행부와 대립 관계일 수밖에 없었다. 따라서 관계는 모두 역전되거나 성격이 바뀐다. 그림에 보듯이 2기 입대의 집행부는 부녀회, 노인회와 대립 관계를 형성했다. 1.5기 관리회사와는 불편한 관계에 놓여 있으며 2기 관리회사와는 '친함' 대신 '원활'로 바뀌었다. 2기 관리회사는 당연히 2기 입대의 집행부의 의견을 무시할 수 없었고, 이에 따라 노인회나 부녀회와 거리를 둘 수밖에 없었다. 1.5기(혹은 1기)에서 2기로 넘어오면서 관계가 달라지지 않은 곳은 노인회와 부녀회 사이뿐이다.

한 가지 추가로 설명할 것은 1.5기 입대의 집행부/개혁파와 2기 입대의 집행부의 관계이다. 임기를 마친 1.5기 입대의와 관계를 유지하고 있는 이유는 이들 중 일부가 2기 입대의가 되었기 때문이다. 다행히 이들이 다수파가 아니라서 '조종, 비판'을 통해 입대의를 적절히 운영할 수 있었다.

자, 대강의 설명은 여기까지다. 자세한 내막은 본문을 통해 알아보자.

100만 원 관리비 폭탄을
40만 원으로 줄인 두 남자의 고군분투기

Part
One

당신이 내는 관리비의 절반이 누군가의 주머니로 사라진다면……

1장

아파트를
유유히 배회하는
관리비 도둑들

"고양이에게 생선을 맡기다니"

관리비 폭탄, 집값 하락, 여기는 생지옥

⸬ 2009년 여름 ⸬

이 아파트에 이사 온 것은 2009년 여름이었다. 누구나 똑같겠지만 삶의 보금자리는 신중히 정하기 마련이다. 목돈이 들어가고, 우리 아이들이 자랄 환경을 결정하는 일이기 때문이다.

지금의 아파트로 정하게 된 이유는 크게 두 가지였다.

첫째는 쾌적함이었다. 넓은 부지 위에 들어선 초고층 아파트라서 공간에 여유가 많았다. 아파트는 가로세로 300미터가 넘는 부지에 서 있었으며, 이웃동과 200미터 간격으로 떨어져 있었다. 그 덕분에 단지 한가운데 넓고 탁 트인 공원이 자리 잡고 있었다. 또한, 보안 상태도 마음에 들었다.

둘째는 아파트 위치였다. 이 아파트는 송도를 개발할 때 처음부터 랜드마크(land mark)로 설계되었기 때문에 시내 한복판에 위치하고 있다. 길만 건너면 42만 제곱미터의 센트럴파크와 22만 제곱미터의 해돋이 공원이 좌우로 펼쳐져 있으며, 중심 상권과도 가깝다. 쉐라톤 호텔을 비롯하여 개발 예정인 백화점, 쇼핑몰도 인근 블록에 위치했다. 길 건너에는 전시장과 회의장으로 사용되는 컨벤시아가 자리 잡고 있어 마치 강남 코엑스를 연상시켰다.

보는 눈이 어디 다를 수 있겠는가. 사람들도 같은 생각이었다. 내가 원하면 남도 원한다. 이 아파트의 청약 경쟁률은 당시 아파트 광풍과 맞물려 최대 206대 1의 경쟁률을 보였으며, 프리미엄도 수억 원에 이르러 '송도 로또'라는 말까지 떠돌았다. 쾌적한 삶과 재테크에 대한 기대를 품고 많은 이들이 몰려들었고, 입주자가 가려졌다. 그때까지만 해도 당첨의 기쁨과 함께 한시름 놓았다는 생각이었다. 남은 건 이사밖에 없었다. 짐만 옮기면 끝이었다. 하지만 2009년 여름 입주한 아파트에서는 생각지도 못한 일이 우리를 기다리고 있었다. 100만 원을 육박하는 관리비 폭탄이었다.

그해 여름 세 달 동안, 한 달 평균 관리비가 100만 원에 달했다. 평당 관리비는 약 2만 원이었다.

관리비가 치솟은 가장 큰 이유는 일반 아파트에서는 상상도 못할 만큼 높은 공용전기료 때문이었다. 사실 여기에는 한 가지 변수가 있었다. 아파트가 분양되던 시점은 2005년이었고, 입주가 시작된 것은 2009년이었다. 그런데 그 사이인 2007년 한국전력의 전기료 제도가 변경되면서 공용전기 누진제가 시행되었다. 분양 당시만 해도 전기요금이 이만큼 나오리라고는 예상하지 못했던 것이다.

전기료의 주범은 세대 내의 에어컨과 강제 실내공기 순환장치였다. 이 아파트는 수려한 외관을 위해 유리로 외벽을 두루는 커튼월(curtain wall, 비와 바람, 소음과 열을 막아주는 건물 벽체를 말한다. 직사광선을 그대로 통과시켜 실내 온도를 높이는 문제가 있다.) 방식으로 건축되었는데 거대한 유리창이 온실효과를 일으키며 아파트를 찜통으로 만들었다. 바깥바람이 더 선선하게 느껴질 정도로 내부는 무척 더웠고, 이 때문에 에어컨을 과도하게 틀 수밖에 없었다.

또한 63빌딩처럼 이 아파트에는 환기창이 없었다. 환기가 필요 없었던 게 아니라 고층건물에서 발생하는 연돌효과(굴뚝효과)를 막기 위한 조치였다. 연돌효과란 건물 안팎의 온도 차이 때문에 계단이나 엘리베이터가 다니는 통로에 세로 방향으로 생기는 기류 현상을 말하는데 겨울철 고층건물에서 빈번하게 발생한다. 1층에서 바깥의 찬바람이 쌩쌩 들어오고 꼭대기로 따뜻한 실내 공기가 숭숭 빠져나가는 식이다. 실내 보온에 문제가 생기고, 엘리베이터가 흔들리는 문제도 있으며, 화재 발생 시 유독 가스가 급속히 퍼지는 등 여러 문제의 원인이 된다. 이 때문에 고층건물은 바람이 통하지 않도록 밀폐형으로 짓는다. 그런데 밀폐형 건물은 새로운 문제를 일으킨다. 욕실이나 주방에서 발생하는 오염 공기가 빠져나갈 구멍을 찾지 못하고 건물 안에 그대로 머무른다. 이 오염 공기를 빼내려면 공기 순환장치를 따로 설치해야 한다. 그 기계를 돌리는 데 또 전기가 필요하다. 물론 이게 끝이 아니었다. 타워형 고층아파트는 엘리베이터를 중심으로 여러 세대가 방사형으로 배치되어 있기 때문에 복도(엘리베이터 혹은 계단과 각 세대를 연결하는 통로)가 건물 안에 숨어 있을 수밖에 없다. 이런 구조 때문에 복도에는 햇빛이 들지 않는데 그래서 24시간 조명을 켜야 했다.

이런 저런 이유로 이 아파트는 전기 소모가 많았고, 사용 전기량이 누진제 최대 요율인 500%에 적용되면서 전기료 폭탄이 떨어진 것이다.

관리비가 주변 아파트보다 2~3배 많다는 소문이 퍼지자 아파트 주민들은 당혹감에 빠졌다. 경제 상황도 우리 편은 아니었다. 주변 일반 아파트보다 약 2배 높은 분양가에 엄청난 프리미엄까지 붙었던 이 아파트는 금융위기라는 암초에 부딪치며 가격 폭락 사태를 맞았다. 아파트 가격이 떨어지면 좋아할 사람이 누가 있겠는가마는, 아파트 가격에 특히나 민감했던 일부 주민들은 극도의 불만을 표출했다. 수년 전 부동산이 거품일 때 있는 돈 없는 돈 다 끌어다가 무리해서 사들였는데 금융위기까지 맞물리는 바람에 마땅히 팔 곳을 찾지 못하고 불가피하게 입주한 사람들이 특히 그랬다. 이들은 대출금 이자, 뜻하지 않은 관리비, 그리고 매매가 하락으로 신경이 곤두서 있었고, 공공연히 불만을 드러내며 나쁜 소문을 더욱 키웠다.

부동산에서도 노골적으로 우리 아파트를 폄하했다.

"관리비가 100만 원이 넘고 실질적인 주민 혜택 시설은 없는, 겉만 번지르르한 깡통 아파트"

당시 우리 아파트에 붙은 꼬리표였다. 그리고 얼마 뒤 카운터펀치가 날아들었다. 커튼월 외벽에서 빗물이 스며드는 누수 현상이 TV 저녁뉴스에 보도되면서 아파트 이미지는 나락으로 떨어지고 말았다.

관리회사, 첫 번째
용의자로 지목되다

: 2009년 10월 :

관리비 폭탄으로 힘겨웠던 여름이 지나자 사람들은 서서히 문제의 핵심에 관리회사가 있다는 사실을 알아차리게 되었다.

처음에는 고층타워형 아파트라서 관리비가 많이 드는 줄로만 알았다. 그러나 점차 관리회사의 방만한 운영과 부족한 노하우 때문에 돈이 샌다는 사실을 발견하게 되었다. 특히 초고층 아파트의 경우 설비가 많기 때문에 이를 최적의 상태로 운전할 수 있는 노하우가 필요했다. 게다가 이 아파트의 에어컨은 공랭식(air cooling)이 아니라 수랭식(water cooling)이었다. 물로 냉각시키는 방식은 국내 아파트 가운데 처음이다 보니 관리 노하우를 갖고 있는 사람도 없었다.

이와 별개로 관리회사 선정 방식도 문제였다. 입주 초기에 아파트 주민 대표가 있을 리 없으니 시공사가 임의로 관리회사를 선정하게 된다. 물론 그렇게 선정된 관리회사가 잘 운영해주면 좋지만 현실은 달랐다. 시공사가 자기들 마음대로 관리회사와 계약을 맺다 보니 거주자 의견이 반영될 틈이 없었다. 당연히 피해는 입주자가 고스란히 떠안아야 한다. 그래서 입주자대표회의(입대의)가 결성된 후 관리회사를 교체하는 경우가 많다. 말이 나온 김에 이 아파트 1기 관리회사의 문제점을 따져보자.

1기 관리회사는 신생 업체였다. 시공사와 어떤 인연으로 선정되었는지 알 수 없지만 관리 방식이 매우 미숙했다. 아니, 어쩌면 관리에 별다른 관심이 없던 것인지도 모른다. 이들의 문제는 크게 세 가지였다.

첫째, 적재적소 인력 배치가 안 되었다.
필요한 곳에 필요한 만큼 인력을 써서 인건비가 낭비되지 않도록 운영해야 하는 건 기본이다. 그런데 1기 관리회사는 인력 관리를 무분별하게 하는 바람에 인건비는 오를 대로 오르고 관리는 제대로 이루어지지 않았다. (※ 참고로 초기 관리인원은 130여 명이었지만 현재는 30% 낮춘 90여 명이 관리한다. 인원은 줄었지만 관리는 이전보다 훨씬 원활하게 이루어지고 있다.)

둘째, 고층타워형 아파트 관리 경험이 전무했다.
아파트마다 특색이 있다. 그에 따른 관리 노하우는 기본이다. 그런데 1기 관리회사는 이 아파트에 설치된 기계장치 운용에 미숙했다. 공조장치를 어떻게 가동하느냐에 따라 전기 사용량에서 큰 차이가 벌어지는데 이 회사는 무조건 최대치로 가동하고 있었다. 기어를 저단에 놓고 액셀을 끝까지 밟고 운전하는 것과 다를 바 없는 상황이었다.

셋째, 과다한 회사 이익이었다.

나중에 다시 짚어보겠지만 불필요한 관리 수수료로 수억 원이 술술 빠져나가고 있었다.

이런 문제들이 알려지자 주민들은 거세게 반발하며 1기 관리회사와 계약을 해지하고 새로운 관리회사를 물색하기에 이르렀다. 관리회사만 교체하면 다 해결될 줄 알았던 문제는, 그러나 교체 과정에서 새로운 문제들을 불러왔다.

입주자대표회의에서 관리회사 선정 경험이 없다 보니 우왕좌왕했다. 특히 관리회사 자격 요건이 문제가 되었다. 아무 회사나 입찰하지 못하도록 장치를 마련하는 것은 중요하지만 어떤 회사들이 있는지 조사하지도 않은 채 입찰 조건을 너무 까다롭게 제한한 것이 문제였다.

1.5기 관리회사 선정 과정은 자체로 문제의 씨앗을 안고 있었다. 주민 간에 충분한 의견 교환 없이, 입김 센 한두 사람의 의견에 의해 입찰 조건이 결정되었다. 믿고 맡긴다는 건 애초부터 불가능했고, 그래서 갈등과 대립은 볼 보듯 뻔한 일이었다.

1기 입주자대표회의 집행부는 1.5기 관리회사 선정 조건을 세우기 위해 다음과 같은 방침을 세웠다.

"우리 아파트가 특수한 초고층 아파트인 점을 고려해서 관리업체 선정 기준을 까다롭게 해야 한다."

1.5기 관리회사 선정 기준이 발표되자 1기 관리회사에서 불만이 터져 나왔다. 선정 기준에 따르면 1기 회사는 자격 요건 미달이었다. 1기 관리회사는 '이 기준이면 입찰할 수 있는 업체가 없다. 이건 특정 업체를 밀어주기 위한 것이 아니냐'며 강하게 의혹을 제기했다.

'특정 회사 밀어주기'. 아마도 이보다 강력한 효과를 발휘하는 단어는 없었으리라. 한 번 불에 댄 경험이 있는 주민들은 뭔가 수상한 냄새가 난다 싶었는지 이번 자격 요건을 철회해야 한다며 반발했다. 그들의 의견은 다음과 같았다.

"우리나라에 초고층 아파트가 한둘이 아니다. 이 아파트들을 관리한 경험과 노하우만 있으면 충분하니 선정 기준을 낮춰야 한다."

의견 대립 양상은 상대를 비난하는 형태로 변질되었다. 먼저 자격 요건을 낮추어야 한다고 주장하는 사람들이 공격했다.

"관리회사 선정에 특혜를 주려는 것 아니냐? 짜고 치는 고스톱이다."

이에 맞서 1기 입주자대표회의 집행부에서 반격을 가했다.

"자꾸 비리 비리 하는데 그거야말로 딴 마음이 있는 것 아니냐? 뭔가 '꾼' 냄새가 난다."

의견이 대립하고 비난이 난무하는 가운데 급기야 1기 관리회사는 무력행사까지 자행했다. 그들은 입찰 과정에 무리가 있고 위탁관리수수료를 다 못 받았다는 이유로 관리실을 무력 점거했다. 나아가 용역업체 직원을 고용하여 주민들과 물리적 충돌을 일으켰으며 받을 돈이 아직 있다며 소송을 제기했다.

주민이 낸 돈으로 관리회사를 고용하고, 운영에 문제가 발견되어 적법한 절차를 거쳐 관리회사와 계약을 해지하는 건 너무 당연한 권리이고 정상적인 과정이라고 하더라도 현실에서는 그게 순리대로 처리되지 않는 경우가 많다.

아무것도 봉합되지 못한 채 혼란은 가중되었고, 그 사이 1기 입주자대표회의는 자신들의 주장을 끝까지 밀어붙여 처음 설정한 입찰 기준에 따라 두 번째 관리회사(1.5기 관리회사)를 선정하게 되었다.

그러나 계약 내용이 너무 부실했다. 계약을 주도한 동대표는 이런 일을 한 번도 해본 적이 없는 사람이었다. 그는 관리, 미화, 경비 3분야를 일괄 도급계약 하면서 위탁관리 수수료를 너무 많이 양보했고, 이외에도 의복비 지불 조항도 받아들였다. 그러나 더 큰 문제는 따로 있었다. 1.5기 관리회사는 미화와 경비 분야를 관리회사 대표가 대주주로 있는 자회사에 재하청을 주어 하청회사가 이윤을 이중으로 챙기도록 했으며, 결국 주민이 지불하는 돈은 중간에서 새어나가고 해당 직원에게는 적은 급여만 지불되는 불합리한 계약을 맺고 말았다. 게다가 인원 공백이 생기면 당연히 공백이 생긴 기간만큼 급여를 빼야 하는데 '공백 기간이 5일 이내라면 급여 전액을 그대로 지급한다'는 조항을 넣는 등 정말 어이없는 계약을 체결한 것이다.

2년간 위탁관리 수수료로 받아간 금액은 약 1억 5천만 원이었고, 1년 이내 퇴직자에 대해서는 퇴직금을 지급하지 않는다는 사규를 들어 퇴직금으로 지불해야 할 돈까지 관리회사에서 수입으로 챙겼는데 그 금액이 약 3억 이상으로 추정되었다. 이 방식의 무서운 점은, 직원을 11개월 쓰다 잘라버리면 관리회사 수입이 늘어나는 구조였기 때문에 양심적인 업체가 아닌 이상 이를 악용할 소지가 다분했다는 점이다. 만일 그 돈을 남아 있는 직원들에게 상여금으로 주거나 복지에 활용할 수 있도록 계약 내용을 바꾼다면 직원 사기 진작에 좋을 것이고, 이는 관리 품질 향상에 도움이 되었을 것이다.

  나아가 이 계약을 맺는 과정에서 행한 가장 큰 실수는, 사인을 하기 전에 계약서를 공개하고 주민의 의견을 수렴하는 과정을 거치지 않았다는 점이다. 계약서 공개는커녕 최소한 아는 사람에게 조언을 구했는지조차 의심스러웠다.

시공사가 관리회사를 결정하는 것이 모든 문제의 근원

어쩌면 이 모든 문제의 근원에는 우리 힘이 닿지 않는 구조적인 문제가 도사리고 있는지도 모른다. 시공사가 주민 동의 없이 관리회사를 결정하는 구조는 첫 단추를 잘못 꿰게 만들고, 나아가 쉬지 않고 잡음을 일으키는 빌미가 된다. 아마도 이 문제는 정부나 국회 차원에서 해결이 필요하지 않을까 싶다.

03

엉뚱한 곳에
돌을 던지는 사람들

: 2009~2010년 :

아파트 사람들의 행동양식을 보면 참 흥미로운 점이 많다. 사람도
적은데 일어나는 일들이 정치판과 똑같다.

- 진보와 보수가 대립한다.
- 이익을 두고 동끼리 갈등한다.
- 투표에 영향력을 행사하는 단체가 존재한다.
- 반대로, 이 단체에 로비를 해서 표를 얻는 사람도 있다.
- 근거 없이 떠도는 루머 때문에 의심이 생기고 다툼이 벌어진다.
- 투표 방법이나 기타 정책을 자기에게 유리하도록 만들기 위해 싸운다.
- 여러 가지 이권이 비리와 연관되어 있다.

위에 나열한 항목들은 TV 뉴스에서나 봄직한 내용들이다. 그러나 우리가 살고 있는 아파트라는 곳도 다를 게 없다. 아파트 문제를 접할 때 하나의 작은 나라를 떠올리면 보다 이해가 쉽지 않을까 싶다.

시오노 나나미의 〈로마인 이야기〉에 카이사르의 유명한 문구가 등장한다.

"사람은 자신이 보고 싶어 하는 사실만 본다."

아파트 주민들도 별로 다르지 않았다. 사태 전체를 통찰력 있게 살펴보려는 사람은 드물다. 나의 이익과 연관된 내용이나 가장 자극적인 표현 한두 가지에 마음이 쏠려 다른 정보에는 귀를 기울이지 않았다. 이 때문에 그들의 주장 역시 편협했다. 자기 입장을 고수하거나 터무니없는 소문에 편승하여 주장을 펼치기 때문에 이해관계가 다르거나 시야나 시선의 깊이가 다른 사람들의 동의를 이끌어 낼 수 없었다. 그나마 귀라도 열려 있다면 나와 다른 주장을 수용하여 보다 나은 제3의 아이디어를 찾을 수 있었을 텐데, 그건 어쩌면 너무 기대가 큰 건지 몰랐다. 대개는 자신과 생각이 다르면 자신의 보금자리를 위협하는 적으로 간주했다. 이런 경향은 아파트 관리에 무관심하던 사람들이 일단 관심을 기울이게 될 때 더욱 두드러졌고, 이는 타협을 모르는 과격한 행동으로 이어졌다.

사람마다 보는 눈이 다르고, 추구하는 가치가 다르다. 일반 사회에서는 서로 안 맞으면 적당히 타협하거나 관계를 끊으면 된다. 하지만 아파트는 다르다. 나의 이해 문제가 걸려 있기 때문에 이사를 가지 않는 한 물러설 수 없다. 갈등은 깊어지고 종종 고발이나 고소 사건으로 비하되었다.

관리비를 둘러싼 갈등의 대표적인 양상이 있다. 무리해서 집을 사는 바람에 무슨 수를 써서라도 관리비를 줄여야 한다고 주장하는 입주자와, 주머니 사정에 여유가 있어 관리비 폭탄이 어느 정도 감당이 되는 입주자 사이의 대립이었다. 그들의 주장은 각각의 입장에서는 충분히 동의가 되지만 타협의 여지가 없고, 적절한 제3의 해결책이 없다는 것이 문제였다. 잠시 그들의 입장을 살펴보자.

무리해서 집을 산 입주자의 입장

갑이라는 사람은 월 400만 원을 버는 중산층이다. 이들은 2000년대 중반 아파트값이 치솟을 때 대출을 받아서 청약에 나섰던 사람들이다. 대출 이자는 부담스럽지만 당첨만 되면 집값이 상승하니 조금만 참자고 생각했다. 하지만 이자 100만 원 떼고, 관리비 100만 원 떼면 정상적인 생활이 불가능해진다. 그 사이 집값마저 뚝뚝 떨어진다. 손 놓고 있다가는 앉아서 죽을 판이다. 어떻게든 살 방도를 찾는다. 이자는 어떻게 할 수 없고, 그렇다고 집을 헐값에 팔아넘길 수도 없고, 그래서 관심을 기울이는 게 관리비다. 일단 관리비를 줄이면 생활비를 조금이나마 아낄 수 있다. 더구나 관리비가 비싸다는 소문이 돌면 집값이 수천만 원 떨어질 것이다. 이런 이유로 그들은 관리비를 어떻게든 줄여야 한다고 목소리를 높인다. 그 다음이 문제다. 관리비를 어떻게 줄일 수 있을까? 마침 아파트를 관리하는 젊은 보안 직원이 눈에 띈다. 그들에게 지불되는 급여를 생각한다. 대안을 찾는다. 나이든 어르신을 떠올린다. 그들에게 맡기면 비용을 줄일 수 있을 것 같다. 또한 아파트 내의 여러 편의 시설이 눈에 띈다. 일부 시설을 사용 제한하면 공용전기료를 줄일 수 있을 것 같다. 그래서 그들은 시설 제한과 인력 교체 혹은 감원을 요구한다.

주머니 사정이 넉넉한 입주자 입장

반대로 을이라는 사람은 경제적으로 여유가 있으며 좋은 환경에서 살기 위해서 아파트를 구입했다. 고층타워형 아파트의 가장 큰 장점이 보안인데 자꾸 일부 주민들이 보안 수준을 낮추어 관리비를 절감해야 한다고 주장한다. 관리비 얼마 아끼자고 이를 포기하면 오히려 집값이 떨어져 소탐대실이 될 수 있다. 고층 빌딩에 살면 어느 정도 높은 관리비를 예상했어야 했다. 무작정 줄이는 것이 능사가 아니요, 보다 나은 방안을 찾아야 한다.

재미있는 사실은, 양쪽이 모두 집값 하락을 걱정한다는 점이다. 그럼에도 불구하고 대응하는 방식은 하늘과 땅만큼 다르다. 서로의 입장을 배려하여 대안을 찾으면 좋겠지만 입장 차이만 확인하다가 나중에는 감정싸움으로 번진다. 혼자서는 안 되니까 비슷한 입장에 놓인 사람들끼리 모이기 시작한다. 그렇게 엉뚱한 주장과 의견이 들불처럼 번진다.

그러나 그 어떤 해결책을 살펴보아도 문제의 본질을 파고들려고 했던 사람은 없었던 것 같다. 대개의 주장은 즉흥적이거나 근거 없는 내용에 불과했다.

'고소하면 해결된다.'

'시공사와 재판하면 전부 다 새로 지어준다.'

'누구를 쫓아내면 관리비가 반값 된다.'

이런 허무맹랑한 말들이 사람들 사이에서 회자되었다. 마치 엉킨 실타래를 풀다가 지친 아이가 실을 마구 잡아 당겨 매듭을 더욱 꼬이게 만드는 것처럼 주민 사이의 감정적 대립과 분열은 문제를 복잡하게 만들었다.

그러던 중, 1기 입주자대표회의 회장이 갑작스레 사퇴했다. 당선된 지 얼마 안 된 시점이었다. 대표회장은 사퇴에 앞서 '나는 이 사태를 수습할 능력이 없다'고 토로했다. 우리 아파트가 봉착한 문제는 여러 사건이 동시다발적으로 발생하면서 벌어진 일이기 때문에 사실 누가 나서도 해결은 쉽지 않아 보였다. 금융위기, 누진전기세 대폭 인상, 관리회사의 미숙함, 여러 하자 문제, 주민들의 적절하지 않은 대응 등 어디서부터 어떻게 풀어야 할지 알 수 없는 3차원 미로 그 자체였다.

이름뿐인 존재였지만 어쨌든 대표회장이 하차하고 나자 배는 노골적으로 산으로 가기 시작했다. 아마 그 무렵으로 기억된다. 갈등은 깊어지고 해결책은 안 보이는 상황이 이어지자 주민들은 희생양을 필요로 했다. 가장 만만한 사람이 동대표였다. 말이 동대표지 어제까지는 일반 입주민에 불과한 사람들이었다. 하지만 주민들은 그가 이웃이건 뭐건 따지지 않았다. 무조건 책임을 지우고 무조건 비난하고 무조건 공격하면서 동대표들에게 상처를 입혔다. 그와 동시에 일부 동대표에 대한 불신임이 발의되었다.

여름 관리비 폭탄으로 인한 공포가 군중심리와 만났을 때 사람들의 악한 마음이 잘 드러난다. 사람들은 눈을 부릅뜨고 해결책을 찾았으나 뜬소문과 잘못된 정보에 솔깃하여 옆길로 새고 말았다. 이런 사회적 히스테리를 해소하는 방법으로 사람들은 동대표를 희생양으로 지목한 듯하다.

평소에는 차분한 사람조차도 군중이라는 틈새에서는 정상적인 판단력을 잃는 게 어쩌면 사람의 본성인지 모른다. 주민들이 모여서 회의하는 자리에 참석해 보면 차분하게 대응하자는 사람은 설 자리가 없고, 목소리 큰 사람이 자리를 주도했다.

도마에 오른 동대표 두 사람은 특별히 문제가 될 만한 구석이 없었다. 동대표가 된 지도 불과 2개월밖에 되지 않았다. 그런데도 사람들은 제 구실을 못한다며 돌을 던졌다.

그렇게 동대표 해임안 서명이 시작되었다.

하지만 주민들은 이게 해임안인 줄 모르고 있었다. 해임안 주도자들이 집집마다 돌아다니며 '해임안'이라는 말을 쏙 빼고 대신 근거 없는 말을 뿌렸기 때문이다.

"사인만 하면 관리비가 절반이 됩니다."

이 말을 듣고 누가 이게 '동대표 해임안'이라고 생각하겠는가. 사인만 하면 그동안 앓던 이가 쏙 빠진다는데 무엇이 어렵겠는가. 물론 개중에는 사인을 하지 않겠다는 주민도 있었는데 번번이 충돌로 이어졌다.

아마도 불안감에 떠밀려 뭐라도 해야 한다는 강박관념이 그들을 지배한 것 같다. 하지만 그들의 의도와 달리 해임안 서명 사건은 주민 분열을 심화시키는 도화선이 되고 말았다.

아무것도 모른 채 '관리비 절감'이라는 말만 믿고 서명을 한 주민들은 나중에 그 사인이 동대표 불신임안 서명이라는 사실을 알았을 때, 당혹스러움을 감추지 못했다. 속으로는 혹시 몰라도 이웃을 못 믿겠다고 공공연히 말하고 다닐 수 있는 사람이 누가 있겠는가.

불신임 결의 과정도 문제투성이였다. 처음 주민들이 회의할 때는 70명이 넘었으나 회의시간이 3시간을 넘기자 나중에는 10명 정도만 남았다. 그런데 이들 10명이 불심임을 결의한 뒤 마치 70명이 모두 결의한 것처럼 상황을 이상하게 만들어버렸다. 주민회의에 참석했던 대부분의 사람들은 불신임에 대한 이야기는 한마디도 듣지 못한 채 불신임의 주동자로 낙인 찍혔다.

나는 우연히 주민회의에 참석했다가 주민들 간에 심각하게 싸우는 모습을 보고 무슨 도움이 될 수 없을까 고민하다가 아파트 사이트에 글을 남기며 이 일에 관여하게 되었다.

당시 내가 쓴 글은, 한지붕 아래 함께 살며 쫓아내지도 못하는 사이인데 조금만 이해하고 양보하자는 내용이었다. 일부 주민들은, 사기꾼들 앞에서 그런 소리를 늘어놓는 것은 사기꾼을 도와주는 행동이라며 반발하는 댓글을 남겼지만, 생각보다 많은 주민들이 동의와 격

려를 보내왔다. 아마도 싸우고 다투는 게 해답이 아니라는 생각이 주
민 사이에서 싹트고 있었기 때문이리라.

두 번째 용의자가 밝혀지다

– 엉터리 계약과 이권 제공으로 수억을 날린 그들의 5대 의혹

: 2009~2010년 :

관리비 문제에서 빠질 수 없는 곳이 세 곳 있다. 하나는 관리회사고, 둘은 주민이며, 마지막 셋이 아파트 주민들을 대표하는 입주자대표회의다. 입주자대표회의는 동대표들이 회의를 하는 기구로, 아파트를 하나의 작은 나라로 본다면 국회와 같은 역할을 하는 곳으로 볼 수 있다. 국회에는 다수당인 여당과 소수당인 야당이 있듯이 입주자대표회의에도 여당격인 동대표들과 야당격인 동대표들로 구분된다. 따로 소속이 있다는 말이 아니라 다수의 의견을 갖고 있는 동대표들이 힘을 발휘하는 구조라는 말이다. 이들이 '입주자대표회의 집행부'를 이루는데 다수의 표를 갖고 있는 만큼 실질적인 결정권은 그들에게 있다고 보는 것이 적절할 것이다. 한마디로 아파트 관련 일들은 거

의 대부분 집행부의 손에서 결정이 난다.

2009년 입주가 시작된 뒤 1기 입주자대표회의가 열렸고, 의견이 갈리면서 다수와 소수의 구분이 생겼다. 이 중 다수의 의견을 가진 동대표들이 1기 입대의 집행부가 되었다. 그들은 2009년부터 2010년까지 2년에 걸쳐 아파트를 운영했는데 그 과정에서 많은 문제점이 노출되었다.

1기 입대의 집행부가 저지른 가장 큰 실수는 주민과의 소통 부재였다. 주민에게 신뢰를 구하고 그 신뢰의 바탕 위에서 일을 처리해야 하는 것은 너무 자명한 일이다. 그러나 집행부는 자신들에게 부여된 권한에 푹 빠진 나머지 이 권한이 어디로부터 왔는지 잊은 것 같다.

1기 입대의 집행부는 주민들은 멀리하고 관리회사나 시공사와 가깝게 지냈다. 인터넷도 있고, 오프라인 공간도 얼마든지 있는데 주민과 전혀 대화를 나누지 않았고, 주민들의 질문이나 이야기에 일언반구 대꾸도 없었다. 일을 처리할 때도 주민에게 동의를 구하는 경우가 없었다. 친분 있는 몇몇 주민들과 자치단체(노인회, 부녀회를 포함한 주민들이 만든 친목단체)가 그들이 의견을 구하는 사람들의 전부였다. 물론 주민에게 일일이 의견을 묻고 반영하는 과정을 거치지 않더라도 비리가 없고 결과가 좋았다면 누구도 문제 삼지 않았을지 모른다(태평성대에는 누가 왕인지 모른다는 말도 있듯이 말이다.). 그러나 관리비가 개선될 기미를 안 보이고, 아파트 운영에서 자꾸만 갈등이 빚어지자 그들의 투명하지 못한 운영 방식이 도마에 올랐다. 그리고 당연한 수순으로 그들이 저지른 수많은 문제점들이 하나둘씩 밝혀지기 시작했다. 그들이 저지른 대표적인 문제는 다음과 같다.

❶ 관리회사 특혜건

앞서 '관리회사'를 언급하며 지적했던 이야기다. 관리회사 선정 과정에서 '자격 요건 강화'라는 편법으로 특정 회사를 밀어주는 상황을 만들었다. 그 결과 수억 원 이상의 돈을 낭비했다.

❷ 유령회사 계약건

이사철이 되면 사람도 힘들지만 엘리베이터도 고생한다. 이때 엘리베이터 내부 손상을 막기 위해 엘리베이터 보호재가 필요한데 1기 집행부는 6세트의 보호재와 통로용 깔개 구입을 위해 천만 원이 넘는 돈을 썼다. 돈도 돈이지만 보다 심각한 문제는 다음이었다. 보호재가 엘리베이터 내부에 고정되지 않아 이를 보완하기 위해 연락을 했더니 회사가 없어져서 별도로 해결책을 찾느라 돈이 두 배로 들어간 것이다. 유령회사와 거래를 한 셈이었다. 모르고 계약을 한 거라면 무능력을 보여준 셈이고 알고 그랬다면 정말 있어서는 안 될 일을 저지른 것이다.

❸ 중고 청소차량 구입건

6만 평의 지하주차장 때문에 청소차량이 필요했다. 우선 급한 대로 관리회사로부터 3대를 임대하여 6개월간 사용하다가 그 제품을 그대로 구입했다. 그런데 가격이 너무 터무니없었다. 짧게는 3년, 길면 8

년 된 중고 장비를 새것의 85% 가격으로 구입했다. 청소차량은 5년이 지나면 유지비용이 많이 들어 가치가 뚝 떨어진다. 그런 사정도 고려치 않고 비싼 가격을 주고 구입한 것이다. 주민들 돈을 그대로 누군가의 주머니에 갖다 바친 꼴이었다. 또한 구입 후 2년간 AS도 되지 않아 수천만 원을 부품교체 비용으로 더 지불했다. 잦은 고장으로 가동률이 떨어지는 것도 문제였다. 청소차량 구입에 관여했던 어느 동 대표는 '입찰이 공정했으니 문제 될 게 없다.'며 무책임한 답변만 되풀이했다.

❹ 입구 발판 구입건

입구에 1~2평방미터 크기의 발판 30여 장을 구입하는 데 1,600만 원이라는 비상식적인 돈을 썼다.

❺ 자치단체 특혜건

1기 집행부는 자치단체와 매우 긴밀한 관계에 놓여 있었다. 그들은 자치단체에 엄청난 특혜를 주었다. 다음과 같은 일들이 대표적이다.

:: 선거관리위원에게 1천만 원 지급

아파트에도 대표를 뽑는 선거가 있고 이를 관리하는 선거관리위원회가 있다. 2009년 처음 선거가 치러질 때까지만 해도 선거관리위원은 거의 자원 봉사직이었다. 그런데 2010년이 되자 집행부가 엉뚱한 일을 벌이기 시작했다. 친한 자치단체 사람들을 선거관리위원으로 앉힌 후 일당 15만 원씩 급여를 책정했다. 다음이 더 문제였다. 1시간을 일하든 10분을 일하든 무조건 15만 원을 받을 수 있도록 했기 때문이다. 선거관리위원회를 운영한 한 달 동안 1,000만 원 가까운 주민의 돈이 선거관리위원들의 주머니로 들어갔다. 1인당 100만 원이 넘는 돈이었다.

:: 아르바이트 3명에게 수천만 원 지급

시공사와 협의하여 아파트 창호(창과 문)를 교체하기로 합의를 보았다. 비용은 시공사와, 교체를 희망하는 각 가정에서 반반씩 부담하기로 했다. 교체 희망 가정으로부터 접수를 받으려면 아르바이트 인력이 필요했다. 1기 입대의 집행부는 선거관리위원을 맡고 있는 자치단체 회원 3명에게 자리를 소개시켜주었다. 겉보기에는 정상적인 절차처럼 보였다. 하지만 속사정은 달랐다. 약 600세대를 대상으로 두 달간 신청서를 접수했으니 하루에 10세대꼴이었다. 하루에 신청서 10장만 받으면 끝나는 일이었다. 창호를 교체하기로 한 본사직원까지 아파트에 상시 출근하고 있는 상황에서 아르바이트 인력 3명은 상식적으로 말이 안 되는 숫자였다. 당연하게도 매일 나올 필요도 없고, 나와서도 열심히 할 필요가 없는 그저 이름뿐인 아르바이트였다. 아르바이트 1인이 받아간 한 달 월급은 180만 원으로, 업무에 비하면 엄청난 비용이었다. 명목상으로 아르바이트 비용은 창호 회사에서 돈을 받는 것으로 되어 있었지만 실상 그 돈은 주민들의 지갑에서 나온 돈이었다. 나중에 계산을 따져보니 아르바이트 3명에게 돌아간 돈이 수천만 원에 달했다.

:: 매달 40만 원의 선심성 지원

2010년이 되자 1기 입대의 집행부는 노인회에 월 40만 원의 돈을 지원했다. 선심성 지원이었다. 쉽게 생각하면 어르신들 식사에 도움을 드리는 좋은 아이디어라고 생각하고 넘겨버릴 수도 있다. 그러나 이런 일은 우리 아파트만의 문제가 아니다. 주민 돈으로 선심 쓰고 힘을 얻어 선거 판세를 유리하게 끌고 가려는 일이 여러 아파트에서 자행되었고, 이 때문에 자치단체에 대한 지원을 엄격히 금하는 법이 발효 중이다. 한 달 40만 원이라면 작은 돈일지 모르지만 2년이면 천만 원 가까운 금액이 된다. 그리고 이렇게 지급된 주민의 돈은 '부식비'로 사용된다고 알려질 뿐 자세한 내역은 공개되지 않는다. 내역을 공개하지 않으니 아파트 주민들은 자신이 지불한 관리비가 어떻게 쓰였는지 알 수도 없는 노릇이었다.

위의 내용 가운데 '5번 자치단체 특혜' 부분은 부연설명이 필요할 것 같다. 왜 입대의는 자치단체 사람들에게 이처럼 특혜를 주는 것일까? 그건 선거와 밀접한 관련이 있다.

아파트도 대표를 뽑는다. 민주주의 방식을 채택하여 투표로 뽑는다. 그러나 대부분의 주민이 아파트 선거에 관심이 없다. 투표율이 10% 약간 웃돈다. 이 10%가 막강한 파워를 가진다. 그렇다면 누가 10%에 속하는가. 노인회, 부녀회 같은 특정 자치단체 사람들이 가장 많고, 아파트 관련 활동을 하거나 투표에 관심을 갖는 소수의 주민이 일부를 이룬다. 투표라는 게 다수결의 원칙이니 당연히 부녀회와 노인회가 가장 큰 힘을 발휘한다. 그들이 누굴 찍느냐에 따라 1등이 달라진다. 이런 이유로 대부분의 후보나 입주자대표회의 회장은 부녀회, 노인회 등의 자치단체와 원활한 관계를 맺기 위해 노력한다.

물론 아파트 발전을 위해서 서로 협력하며 좋은 관계를 유지하는 것은 중요하다. 하지만 지나치게 표를 의식하고 선심성 지원을 펼칠 때가 문제다. 사실 부녀회나 노인회 회원들이 나쁜 마음으로 행동하는 경우는 없다. 하지만 서로 유대감이 깊어지고 한국인 특유의 끈끈한 정이 넘칠 때, 눈감아주기와 나눠먹기 지출이 시작된다.

예컨대 부녀회나 노인회에서는 '우리만큼 아파트 일 열심히 하는 사람들이 어디 있어? 이 정도 편의는 봐주어야지.' 하고 부탁을 하고, 입주자대표회의 회장은 '내 돈도 아니고 좋은 일 하자는 건데.' 하면서 지출을 하게 된다. 반대로 입주자대표회의 회장이나 집행부가 부정적인 여론의 공격을 받거나 어려운 일로 곤란에 처했을 때 부녀회나 노인회에서 적극 보호해주고 여론을 돌리려고 애를 쓰게 된다. 이렇게 입주자대표회의 집행부와 부녀회/노인회 사이에 연대감이 싹트고 그 사이 주민들의 관리비는 내역서만으로 알 수 없는 비정상적인 지출이 생기는 것이다.

한편 자치단체장도 자신이 어떤 힘을 갖고 있는지 잘 알고 있다. 한 번은 자치단체장의 요구를 거절한 적이 있었다. 그러자 그가 이런 말을 던졌다.

"누가 더 오래할 것 같아?"

동대표나 회장은 임기제다. 때가 되면 하차한다. 그러나 자치단체 장은 임기가 없다. 흔히 하는 말로 대통령이나 장관은 바뀌어도 공무 원은 안 바뀐다는 식이다. 살아남은 자가 강한 자라면 정말 강한 자는 대통령이 아닐 수도 있다. 물론 자치단체를 일반 사회의 이익단체로 본다면 그들도 자신의 이익을 추구할 권리는 얼마든지 있다. 그러나 책임은 없고 권리만 있는 자리라는 게 일반 사회나 아파트가 똑같이 부딪치는 문제다.

어떻게 보면 자치단체와 입주자대표회의가 함께 저지르는 부정은 금액도 크지 않고, 심지어 '이게 정말로 부정일까' 싶을 정도로 큰 문 제가 아닐 수도 있다. 하지만 부녀회, 노인회, 입주자대표회의 회장/ 집행부 그리고 관리회사가 똘똘 뭉치게 되면 입법/행정/감시/언론까 지 모든 권력을 장악, 누가 어떤 비리를 저지르는지 아무도 모르는, 우리가 그토록 치를 떨며 경험했던 과거의 정치와 똑같은 상황에 처 하게 된다.

아파트,
뇌사 상태에 빠지다

: 2010년 :

다시 본래 이야기로 돌아와 보자. 1기 입주자대표회의 집행부가 저지른 수많은 잘못과 실수들이 속속들이 밝혀지면서 아파트 주민들의 불만은 최고조에 이르렀다. 관리비는 떨어질 줄 모르고, 부실공사는 해결의 기미를 보이지 않고, 주민들의 대표라는 사람들은 시공사/관리회사와 짝짜꿍이 맞아 지내고 있다. 그 사이 주민들은 어디에 어떻게 쓰이는 줄도 모른 채, 비정상적으로 높아진 관리비를 울며 겨자 먹기로 내고 있었다.

그러던 중에 1기 입주자대표회의와 관리회사, 시공사를 강력하게 비난하며 선동적인 언변으로 주민들의 지지를 이끌어낸 사람들이 등장했다. 마침 몇몇 동대표 자리가 공석이었는데 이 사람들이 그 자리를 차지하게 된 것이다(이해관계도에서 '1.5기 입대의 개혁파'라고 불리는 사람들이다.). 개혁을 주장하는 이들 동대표들은 입주자대표회의에 참석하면서 기존 집행부와 대립각을 세우게 되었다. 기존 동대표들은 지금까지 해왔던 방식을 고수하려고 했고, 새로 뽑힌 동대표들은 어떻게든 입주자대표회의의 체질을 개선하려고 했다.

그때가 2010년 초였다. 입주자대표회의 회장 선거를 코앞에 두고 있었다. 후보가 두 명 나왔다. 한 명은 기존 집행부 사람이었고, 한 명은 새로 동대표에 당선되어 입대의에 들어온 사람이었다. 비유하자면 보수적인 여당과 개혁성향의 야당에서 한 명씩 출마한 셈이었다.

기존 입주자대표회의 사람들도 아파트 내부의 이상 기류를 감지하고 있었다. 여론이 계속 나빠지고 있었고, 새로 들어온 개혁파 동대표들의 발언을 들어보니 사태는 결코 낙관적이지 않았다. 관리회사 선정 과정에서도 잡음이 끊이질 않았고, 인터넷에서는 이미 오래 전부터 1기 집행부를 비난하는 댓글이 난무했다. 1기 집행부는 시간이 갈수록 선거 결과에 자신감을 잃은 것 같다. 그들은 선거관리위원회를 구성하자마자 개혁성향의 후보에게 자격 박탈이라는 낙인을 찍었다. 초강수였다.

그들이 제시한 박탈 사유는 이랬다.

'해당 후보가 인터넷 사이트에서 상대 후보를 비방했다.'

그런데 선거 전부터 아파트 인터넷 사이트에서는 격한 이야기들이 얼마든지 오가고 있었다. 실제 그들이 자료로 첨부한 글은 새삼 특별할 것이 전혀 없는 내용이었다. 주민들도 어떻게 그런 이유로 자격 박탈까지 할 수 있느냐며 분노했다.

그럼에도 불구하고 선거관리위원회의 결정은 유효했다. 이제 여당 후보 혼자 남았다. 단독 후보일 때는 주민의 50%가 동의하면 바로 당선이 된다. 주민 동의 절차가 진행되었다. 사실 주민 동의라는 건 매우 형식적인 절차인 경우가 많다. 대부분의 세대가 선거에 별로 관심이 없기 때문에 아무 생각 없이 사인을 한다. 사인 받으러 다닐 아르바이트 요원을 모집하는 일이 오히려 더 어렵게 느껴질 만큼 동의 자체를 구하는 것은 누워서 떡 먹기였다.

하지만 기존 집행부에 불만을 품고 있던 일부 동대표들과 주민들이 이 사태를 두고 보지 않았다. 그들은 그들대로 대책을 논의했고, 맞불 작전을 놓기에 이르렀다. '선거관리위원회의 결정을 뒤집을 수 없다면 다른 방법이 있을 것이다.' 그렇게 해서 찾은 게 집행부 동대표들에 대한 불신임이었다. 집행부 동대표들을 자리에서 물러나게 하면 지금 단독 후보로 출마한 사람도 자연 회장 자격을 박탈당할 것이다. 그렇게 해서 불신임이 진행되었다.

집행부를 지지하던 주민들 가운데 불신임에 동참하는 사람들이 생기면서 사태는 걷잡을 수 없는 혼란으로 치달았다. 물론 그런 와중에도 아파트 내부에서 무슨 일이 벌어지고 있는지 모르는 사람들도 있었다. 이들 중에는 대표회장 주민 동의안과 불신임안에 나란히 사인을 하는 사람도 있었는데 그 수가 적지 않았다.

일이 이상한 방향으로 흐르자 집행부 지지자들도 개혁파 동대표들의 불신임을 진행하겠다고 나서면서 진흙 밭 개싸움이 벌어졌다.

　이미 산불은 진화할 수 없을 만큼 커졌다. 대화라는 건 찾아볼 수 없었다. 집행부는 집행부대로 주민 동의를 진행하여 표결로 회장을 당선시켰다. 그러나 아무도 환영하지 않는 신임 회장이었다.

　개혁파들은 실력 발휘에 나섰다. 회의 진행을 방해하고 나선 것이다. 회의장을 무력 점거한 주민도 있었고, 회의 도중 폭력을 휘두른 동대표도 있었다(그는 해임되었다.). 고소와 고발이 이어지며 법정 다툼도 마다하지 않았다. 나중에는 회의 참석을 거부하며 표결 자체를 불가능하도록 만들기도 했다. 그렇게 수개월간 회의실 문은 굳건히 잠겼고, 아파트는 식물인간처럼 모든 기능이 정지되고 말았다.

리더가 없으면
아파트도 없다

리더가 없는 아파트란 마치 CPU 없는 컴퓨터와 같다. A에서 B에 이르는 수많은 길 가운데 최단 거리를 구하려면 CPU가 가동되어야 한다. CPU가 없다면 손으로 더듬고 발길 닿는 대로 길을 걸어야 하는데 그렇게 해서는 수많은 시행착오를 거칠 수밖에 없으며 시간과 비용을 낭비하기 마련이다.

사람들은 손도 안 대고 코를 풀려고 하는 경향이 있다. 물론 그들도 해결책을 찾으려면 경우의 수를 따지고 일의 원리를 파헤치는 게 중요하다는 데 동의한다. 하지만 그건 어렵고 짜증나는 일이다. 세상일이 내 마음 같다면 밀어붙여서 해결하면 되겠지만 현실은 다르다. 하나를 얻기 위해서는 100가지 과정을 거쳐야 하는 게 우리네 세상이다. 사람들은 이런 피곤한 과정은 생략하고 목청과 힘에 의존하려고 한다. 기술이나 법률 자문 없이 조그마한 정보 하나 붙들고 침 튀기며 흥분하는 주민이 힘을 얻으면 일은 점점 꼬이고, 실익을 얻을 수 있는 기회도 사라진다. 손해가 축적되면 다시 주민들은 흥분하고, 그 흥분은 엉터리 대응 방안으로 이어져 끝내 헤어나지 못할 악순환에 빠진다. 리더가 부재한 탓이다.

우리 아파트에서도 스포츠 센터와 수영장 등의 문제로 시공사와 마찰을 빚었는데 흥분한 주민들이 '법대로 하자'를 외치며 소송을 불사하게 되었다. 그러나 사전 준비 없이 뛰어든 소송 진행으로 실익은 하나도 건지지 못한 채 시공사에 면죄부를 준 꼴이 되고 말았다. '법대로 하자'는 말은 준비가 안 된 아파트 주민에게는 쥐약이요, 산전수전 다 겪은 시공사로서는 언제든 환영인 것이다.

리더의 역할은 단순히 대안 제시에 있지 않다. 리더가 제시하는 대안은, 만일 그가 깊이 탐구한 끝에 내린 결론이라면, 주민 간 신뢰의 근거가 된다. 무슨 아파트에 신뢰 운운할까 싶겠지만 사람이 모인 곳에서 질서를 갖추기 위해서는 신뢰가 필수적이다. 안심을 하고 차를 몰 수 있는 것도 상대방이 차선을 지킬 것이라는 신뢰가 있기 때문이고, 기밀이 포함된 업무를 맡기는 것도 모두 믿음이 바탕에 있기 때문이다. 마찬가지로 공동주택에서 함께 살아가기 위해서는 합의가 필요하고 그 합의를 서로 지키고 있다는 신뢰가 토대를 이루어야 한다. 특히나 공동주택은 각자의 가치관이 달라 한 걸음씩 양보해야 합의점을 찾을 수 있다. 그런데 현실에서는 한 걸음 물러서기가 좀처럼 쉽지 않은 일이다. 대개는 이 양보 못하는 한 걸음의 차이로 의심과 싸움이 생기며 그 결과 꼴 보기 싫은 이웃, 삭막한 동네가 시작된다.

이런 이유로 서로의 생각 차이를 극복할 수 있을 만큼 판단에 신뢰가 가는 리더가 필요하다. 우리 아파트에서도 1기 입대의 당시 주민들이 두 편으로 갈라져 극단적인 마찰을 빚었다. 입대의 정기회의는 개점폐업 상태에 빠지고 현안 처리나 시공사 하자 요구도 휴지통에 처박힌 채 긴 시간을 잠자고 있었다. 분명 처음에는 좋은 아파트를 만들어 보자고 시작했을 텐데 이제는 상대방 죽이기가 목적이 되고 말았다.

2장

두 남자,
관리비 바로 잡기에
뛰어들다

"고양이 목에 방울을 달라고?"

누구에게
아파트를 맡길 것인가

: 2011년 5월 :

시간이 약인지도 모르겠다. 2011년으로 접어들면서 주민들은 감정을 앞세우거나 힘으로 밀어붙여서는 좋은 결과를 얻을 수 없다는 사실을 깨달아가고 있었다. 불신임, 고소/고발, 파행은 원하는 결과를 얻을 수 있는 방법이 아니었다. 사람들은 어리석은 행동을 저지르기도 하지만 일단 잘못되었다고 학습이 되면 놀랍도록 현명한 방법을 찾기도 한다. 그들의 해결책은 다음과 같았다.

"서로 합의한 절차를 통해 정당하게 회장을 선출하여 우리가 원하는 아파트를 만드는 게 최선이다."

합의와 절차. 이 두 단어는 너무 당연한 것이지만 그 가치를 깨닫기까지는 경험과 시간이 필요한 것 같다.

과격한 사람들은 서서히 설 자리를 잃어갔고, 주민들은 새로운 인물을 찾아 나섰다. 합리적이고 이성적인 주장을 하는 사람들이 물망에 올랐다. 이들은 본래 남 앞에 나설 만큼 적극적인 사람들이 아니었고, 개혁이니 보수니 하는 것보다는 실용적인 안목을 지닌 사람들이었다. 굳이 말하자면 중도파의 성향을 띤 합리주의자들이었다. 주민들은 이들을 전면에 내세우기 위해 집요하게 설득했고 그들을 동대표 자리에 앉히는 데 성공했다.

동대표가 바뀌는 과정에서 많은 사람들이 관심을 기울이고 힘을 보태기 시작했다. 주민 중에는 잘잘못을 떠나 근본적으로 과격한 언행을 싫어하는 사람들이 있었다. 그들이 아파트 문제를 외면했던 이유도 최소한의 질서마저 무시하고 힘으로 모든 걸 해결하려는 일부 사람들의 행태 때문이었다. 하지만 합리와 순리를 중시하는 사람들이 동대표에 오르자 주민들은 희망을 갖고 관심을 보이기 시작했다.

물론 동대표 몇몇이 바뀌었다고 끝은 아니었다. 입주자대표회의 회장 선거가 남아 있었기 때문이다. 과연 투표를 통해 기존 집행부를 물리칠 수 있을까? 부녀회와 노인회, 관리회사를 등에 업고 있는 1기 집행부를 어떻게 이길 수 있을까?

'동대표 되기' 물귀신 작전

자리 욕심이 없거나 적극적인 성격이 아니면 이런 자리를 싫어한다. 필자의 경우도 마찬가지였다. 병원을 연 지 1년밖에 되지 않아서 아직 생업에 전력을 쏟아야 할 때였다.

인터넷 사이트를 통한 인신공격도 싫었다. 물론 올바르고 적절한 비판도 있었지만 감정적 비난으로 점철된 인터넷 사이트와 일부 주민들의 무리한 요구 사항을 과연 내가 감당할 수 있을까 싶었다. 또한 필자는 중립적인 태도였기 때문에 양쪽에서 곱지 않은 시선을 받았던 점도 부담스러웠다.

그러던 중 옆동에 사는 김지섭 님(이 책의 공동 저자)에게 연락이 왔다. 이분도 이런 저런 이유로 동대표를 고사했는데 주위에서 강하게 권하고 있는 모양이었다. 고심 끝에 조건을 걸고 동대표를 수락했다고 한다. '김윤형 원장(필자)이 동대표로 나오면 나도 한번 해보겠다.'는 것이었다. 김지섭 님은 '함께해보자, 안 그러면 나도 안 한다'며 나를 강하게 설득했다.

'왜 하필 저를?' 이런 말이 튀어나올 뻔했다. 그러면서도 한편으로 이해가 되는 게 김지섭 님 또한 중립적인 입장을 고수하던 분이라 입주자대표회의에서 고립될 가능성이 농후했기 때문이다. '총대 매겠다. 다만 생각이 같은 사람이 있어야 한다. 그래야 내가 일할 수 있다.' 그게 김지섭 님의 생각이었다.

물론 나도 이런 분이 동대표가 되는 일에 찬성이었다. 그분의 장점은 전문가도 울고 갈 풍부한 건축/시설 지식이었다. 실제로 시공사 엔지니어가 한수 배울 정도였다. 또한 공조장치의 출력을 조절함으로써 에너지 효율을 높여 전기료를 크게 절감하는 데 공헌하기도 했다. 균형감각도 좋아 억지를 펴는 주민들을 항상 잘 설득했다.

문제는 나 자신이었다. 아파트 일에 관심이 있기는 하지만 동대표가 되는 것은 분명 다른 일이었다. 주민들을 대신하려면 책임감이 따를 테고, 그러다 보면 병원 일에 소홀할지도 모른다. 그래서 처음에는 시간이 없을 것 같다며 고사했다. 그런데 김지섭 님의 전화를 받은 이후 여러 사람이 돌아가며 나를 설득하기 시작했다. 병원에 있다가도 전화를 받고, 아파트 복도를 걷다가도 얘기를 들었다. 나중에는 동대표 일은 안 해도 좋으니 표결 자리에만 참석하여 좋은 의견에 투표만 해달라는 얘기까지 들었다. 생각을 안 할 수가 없는 상황이었다. 점심을 먹으면서도 고민, 잠자리에 누워서도 고민이었다. 그러다 문득 김지섭 님의 말이 떠올랐다.

'김윤형 원장이 안 하면 나도 못한다.'

나 때문에 김지섭 님이 동대표를 못하게 된다면 주민들이 나에게 뭐라고 할까. 그 말이 목구멍에 딱 걸렸다. 음, 이럴 때는 뭐라고 하는가, 코가 꿰었다고 해야 하나.

다음날 김지섭 님과 통화를 마친 뒤, 주민들에게 한번 해보겠다고 말을 꺼냈다. 각오? 이미 인터넷 사이트나 사람들의 이야기, 그리고 직접 목격한 장면들을 통해 사태가 어떤지 잘 알고 있었다. 어떤 싸움판에 뛰어드는지 정도는 이미 잘 알고 있었다는 말이다.

50표 차이로 회장 선거에서 승리하다

2010년 벌어진 파행으로 입주자대표회의는 사실상 마비된 채 수개월이 흘렀다. 시간은 해를 넘겨 2011년 5월이 되었다. 그 무렵 1기 입주자대표회의가 해산되고, 2기 입주자대표회의가 출범했다. 처리해야 할 안건은 산적해 있고, 아파트 관리비는 지난여름만큼은 아니었지만 여전히 높았고, 불신감은 팽배해 있었다. 동시에 2기 입주자대표회의에 대한 기대감도 커져 있었다. 주민들 사이를 떠돌던 억지 주장이나 뜬소문은 수명을 다하고 있었고, 여론은 이성을 되찾아가고 있었다.

입주자대표회의가 1기에서 2기로 변했다고 하지만 바뀌지 않은 점도 분명 있었다. 1기 집행부로 활동했거나 혹은 1기 집행부와 가깝게 지내던 몇몇 사람이 동대표가 되어 회의에 참석했다. 또 개혁성향을 띤 동대표들의 모습도 보였다. 이들과 어떻게 의견을 조율하여 아파트를 꾸려갈 것인지가 가장 중대한 문제였고, 우리가 지지하는 동대표를 어떻게 회장으로 만들 것인지가 가장 시급한 일이었다.

드디어 2기 입주자대표회의 회장 선거가 시작되었다.

후보는 총 2명이었다. 1기 입주자대표회의 집행부의 일원이었던 동대표가 한 명 출마했고, 우리 쪽에서도 후보를 내세웠다. 상대 진영은 이미 관리회사, 부녀회, 노인회, 선관위와 각별한 사이였다. 객관적인 전력만 놓고 보면 그들이 우세한 것이 사실이었다. 1기 대표회장의 선거 때 투표 내용을 살펴보면 이 사실은 더욱 분명해진다.

〈1기 회장 선거〉

투표 세대 : 총 1596세대

실제 투표 세대 : 190세대

자치단체 투표 : 80표

190표 가운데 80표가 부녀회, 노인회 등 자치단체에서 나온 표였다. 80표를 먼저 얻고 가는 쪽과, 남은 110표에서 95표 이상을 얻어야 하는 쪽이 붙는다면 어느 쪽이 유리하겠는가.

그런데 2기 투표는 투표 참가자도 늘었고, 결과도 달랐다. 1기 때는 190세대가 참여한 데 반해 2기에는 338세대가 투표에 참여했다. 무려 2배에 가까운 수치였다. 어차피 자치단체 표는 갈 데가 정해진 고정표였다. 그런데 일반 주민 투표가 늘면서 자치단체 표의 비중이 줄어들었다.

선거결과는 194대 144로 우리의 승리였다. 우리가 밀었던 후보가 당선되면서 자연스럽게 우리가 2기 입주자대표회의 집행부 역할을 맡게 되었다. 자치단체와 친분이 있는 것도 아니고, 개인적 친분이 두터운 주민들이 많았던 것도 아니어서 승리를 예상할 수 없었는데 이번만큼은 주민들도 뒷짐만 지고 있을 수는 없었던 모양이다. 단순히 선거 유세 덕에 당선되었다고는 생각지 않는다. 평소 아파트 인터넷 커뮤니티를 통해 꾸준히 의견을 개진했던 것과, 새로운 리더를 희망하고 있던 주민들의 뜻이 잘 맞아떨어진 결과라고 생각된다. 그게 아니고서는 얼굴도 모르는 우리에게 묵묵히 지지를 보내준다는 게 좀처럼 설명이 어렵다. 어쨌든 주민들의 지지 덕분에 우리는 중요한 초석을 놓게 되었다.

1차 수술,
분열 봉합하기

: 2011년 5월 ~ 10월 :

만일 2기 입주자대표회의가 가장 중점을 두어야 할 일이 있다면 그건 바로 주민 분열을 봉합하는 일이었다. 주민 분열은 단순히 의견이 갈라진 상태를 의미하는 것이 아니다. 대화 거부에 이어 행정 마비를 불러와서 안건은 산더미처럼 쌓이고 주민 모두에게 피해가 고스란히 돌아가는 파국 상태를 의미한다. 같은 공간에 살고 있으나 같이 살기를 포기한 상태가 '분열'이다.

2기 입주자대표회의 전체의 의견은 아니었을지라도 최소한 나를 포함한 몇몇 동대표들은 주민들의 분열을 막고 신뢰를 얻는 일이 무엇보다 중요하다는 사실에 동감했다. 물론 여기에는 선행 조건이 따랐다. 주민 분열 이전에 입주자대표회의 분열부터 해결하는 문제였다.

개혁과 보수, 누구의 손을 들어줄 것인가

2기 입대의에는 총 9명의 동대표가 있었다(전체 정원은 10명으로 1명이 결원인 상태였다.). 불행 중 다행은 동대표 선거에서 1기 집행부 쪽 사람들이 상대적으로 적게 뽑혀서 그들의 목소리가 줄어들었다는 점이다. 2기 입대의를 구성하는 동대표들의 성향은 다음과 같았다.

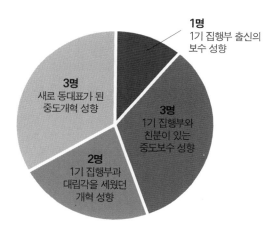

동대표들은 서로에 대해 심각한 오해를 하고 있는 상황이었다. 개혁 성향의 동대표들은 보수적인 동대표들을 싸잡아 도둑으로 여겼다. 심지어 중도개혁 성향인 우리마저 의심의 눈초리로 바라보았다. 반대로 중도보수 성향의 동대표들은 개혁적인 동대표들을 늘 불만에 차 있고 감정적으로 대응하는 사람으로 여겼다. 개혁파의 주장대로 간다면 아파트는 망할지도 모른다고 여기는 것 같았다.

사람들은 몇 마디 말과 겉으로 드러난 행동만으로 상대를 파악하는 경향이 있는 듯하다. 마음을 깊이 들여다보지 않고 편협한 시각으로 상대를 단정 지어 버리면 관계가 왜곡되고 그게 마찰의 빌미를 제공한다. 처음 우리가 그랬다. 자꾸 청군 백군으로 편을 가르고 시비를 걸려고만 했다. 서로 믿지 못하는 마음이었으니 작은 일 하나도 그대로 넘기는 법이 없었다.

한번은 이런 일이 있었다. 추석 연휴 전이었다. 집에 작은 물건 하나가 배달되었다. 아파트 단지 내 어린이집에서 보내온 선물이라고 했다. 며칠 전 아내가 둘째 아이의 어린이집 취학문제로 상담을 받았던 터라 원장님이 뭔가 보냈나 싶었다. 별 생각 없이 넘어갔다. 나중에 알고 보니 어린이집에서 동대표들에게 돌린 추석 선물이었다. 그런데 하필이면 선물 크기가 딱 돈다발이 들어갈 만한 사이즈였다. 개혁 성향의 동대표가 외출 중에 '이러이러하게 생긴 물건이 배달되어 왔다'고 가족에게서 전화를 받은 모양이다. 내용물은 뜯어보지도 않은 채 겉모양이 어떻다는 소리만 듣고 이건 분명 상품권 다발이라고 확신한 것 같다. 더욱이 동대표들 사이에서 이와 관련된 언급이 없자, 분명히 꿀꺽 했을 것이라고 여기고 아파트 인터넷 게시판에 비난의 글을 올렸다. 게시판에 육두문자가 난무했다.

황급히 물건을 확인했다. 천연 비누 두 장이었다. 물론 내용물보다 더 중요한 건 이게 고객에게 보낸 선물이 아니라 '동대표'에게 보낸 물건이라는 데 있었다. 곧 어린이집에 되돌려주었지만 불찰이었다. 깨끗한 모습을 보여주기 위해 엘리베이터 회사 설명회 때도 수건 한 장 받지 않았었는데 그만 실수하고 말았다. 하지만 더 아쉬운 게 있었다. 만일 동대표 사이에 서로에 대한 신뢰가 있었더라면 먼저 사실 확인 전화를 걸어 '어린이집에서 동대표들에게 이런 물건을 보낸 것 같다. 받았느냐?' 하고 물어본 후 '돌려주자'고 말하면 간단히 해결될 일이었는데, 오해와 불신이 팽배하다보니 큰 싸움으로 비하된 사건이었다.

불신감은 상상 외로 컸다. 보수와 개혁이 서로의 부족한 점을 채워주며 협조하는 형태가 아니라 서로를 못 잡아먹어서 안달이 난 상황이었다. 서로를 믿지 못하면 무슨 일을 하든 그 의도를 의심할 것이고, 그러면 사사건건 시비를 걸 게 뻔했다. 무엇보다 동대표들의 신뢰를 얻는 일이 중요했다.

우리는 '경청'이라는 방법을 취했다. 그들을 설득하려고 하기보다는 그들의 의사를 최대한 많이 듣기로 한 것이다. 특히 보수와 개혁 어느 한쪽의 의견에 치우치지 않고 양쪽 의견 존중하며 귀를 기울였다.

이상하게 들릴지도 모르지만, 한쪽 편을 들지 않는 일은 처음에는 대단히 고통스러웠다. 왜냐하면 양쪽에서 보기에 이도저도 아닌 박쥐처럼 보였기 때문이다. 이 때문에 처음에는 어느 쪽 사람들도 우리를 같은 편으로 받아들이지 않았다. 회의 시간 내내 적대적인 눈초리에 시달려야 했다.

한편 우리는 무조건 듣기만 한 것은 아니다. 상대의 의견이 감정에 이끌려 왜곡되었다고 판단되면 바로 잡기 위해 애를 썼다. 그런데 이 과정이 또 생각처럼 쉽지 않았다. 마치 젓가락을 구부리기는 쉬워도 원래대로 펴는 것이 더 힘들 듯이 감정적으로 치우친 생각을 바로 잡는 것은 2배 3배의 힘이 들었다.

우리가 반론을 제기하면 양쪽에서 돌을 던졌다. 그래도 우리는 듣고 설득하는 과정을 되풀이했다. 이를 간략화하면 다음과 같다.

❶ 의견 듣기
❷ 바로잡기/설득하기
❸ 해결책 결정하기
❹ 추진하기

'의견 듣기'는 상대 입장에서 매우 중요한 과정이었는데 자신도 이 과정에 참여하고 있으며, 자신의 의견이 존중되고 있다는 믿음을 심어주는 효과가 있었다(물론 처음에는 꼭 그렇지는 않았다.).

'바로잡기/설득하기'는 그들의 주장에 감정적이거나 즉흥적인 내용이 있으면 바로잡는 과정이었는데 이는 결과물이 나오기 전까지는 계속 사람들과 마찰의 빌미가 되었다. 사람들은 자기 뜻대로 되지 않는다는 사실에 불만을 품고 있었다.

'해결책 결정하기'는 설령 자신의 뜻과 맞지 않더라도 이 방안을 결정하는 절차에 동의하고 있음을 스스로 인정하도록 만들어주었다. 일방적으로 결정하는 경우는 없었고, 다수결의 원칙에 따라 모든 사안은 결정되었다.

'추진하기'는 결과를 기다리기까지의 시간이다. 결과물이 나올 때까지 일부 동대표들은 비난의 시선을 거두지 않았다. 이 순간 우리에게 필요한 것은 결과였다. 모든 것은 결과가 증명해주리라 믿었다.

시간이 지나면서 효과가 나타났다. 원하는 만큼은 아니어도 이전보다 나은 결과물이 나오자 양쪽 다 태도가 누그러졌다. 1~4번의 절차를 밟는 방식이 효율적이라고 여기게 된 것이다. 나아가 감정적 대응이나 상대의 의견을 무조건 깎아내리는 게 능사가 아니라는 사실을 익히게 되었다. 그리고 이 과정이 되풀이되면서 마치 낙숫물이 댓돌을 뚫듯이 서서히 신뢰가 형성되어 갔다.

동대표 사이에서 신뢰를 얻기까지는 많은 시간이 걸렸지만 한번 신뢰가 형성된 후에는 의견을 하나로 쉽게 모을 수 있게 되었다.

간이고 쓸개고 모두 다 꺼내서 보여주자

주민에게 신뢰를 얻기 위해서는 우리가 감추는 게 없다는 사실을 보여줄 필요가 있었다. 그래서 시작하게 된 게 정책 결정 과정의 투명화였다. 우리가 세운 투명화의 원칙은 다음 다섯 가지였다.

첫째, 모든 안건은 정기 회의에서 처리한다.

1기 시절에는 임시회의나 기타 모임에서 중요 안건을 처리하는 경우가 적지 않았다. 녹취록도 없고, 자료도 없고 심지어 다른 동대표도 모르게 안건이 처리되고 돈이 지출되는 바람에 문제가 많았다. 밀실 정치의 폐단을 사전에 차단하기 위해 모든 안건을 정기 회의에서만 결정하기로 방침을 정했다.

둘째, 회의 자료에 쉽게 접근하도록 한다.

녹취록을 남겨도 해당 자료를 찾으려면 관리 사무소에 일부러 발걸음을 해야 한다. 접근성이 쉽지 않다는 말이다. 그래서 회의를 녹화하여 각 가정 TV에서 볼 수 있도록 만들었다. 동시에 회의를 녹취하여 해당 파일을 인터넷에 올려 원하는 주민은 언제라도 다운받아 들을 수 있도록 했다. 한편 회의 참석자 입장에서도 회의 진행 과정이 녹취된다는 사실을 인지하고 있으면 그만큼 언행에 각별히 주의하게 되며 주민의 이익 중심으로 활동하게 된다는 장점도 있었다.

셋째, 모든 입찰은 공개입찰을 원칙으로 한다.

경쟁이 있으면 가격이 내려간다. 너무 간단하고 당연한 원칙이다. 그러나 잘 지켜지지 않았다.

넷째, 주민 여론 조사를 시행한다.

하나의 사안을 처리하기 전, 주민에게 의견을 물어 관심을 갖도록 유도했다. 주민의 관심은 업무를 추진할 때 힘이 되기도 했다.

다섯째, 클린(clean) 서약서 서명이다.

우리는 동대표로 활동하는 동안 일체의 향응이나 이권에 개입하지 않겠다고 서약했다. 요식행위로 보일지도 모르지만 주민에게 우리의 의지와 노력을 피력할 필요가 있었다. 사실 비리까지는 아니더라도 명절 선물이나 식사 대접을 자연스럽게 받는 분위기만큼은 바꿀 필요가 있었다. 동대표가 되면 아파트 계약을 따내기 위해 업체들이 접근한다. 처음에는 부담 없는 작은 선물일지라도 한 번 받기 시작하면 습관이 되고, 그렇게 상대와 감정적인 유착이 생겨 객관성을 잃게 되는 경우가 있다. 처음부터 싹을 자를 필요가 있었다.

물론 투명화 원칙을 시행한다고 발표하자마자 주민들이 열화와 같은 지지를 보내온 것은 아니다. 중요한 것은 성과였는데 다음에 이야기하겠지만 하나하나의 안건을 처리하면서 서비스 품질의 향상이라든가 관리비 절감과 같이 피부로 느낄 수 있는 결과물이 하나둘씩 나오면서 조금씩 주민들의 신뢰와 지지가 커졌다. 인터넷 게시판에 격려와 응원, 지지를 담은 글들이 올라오는 횟수가 늘면서 점차 함께 살아가는 공간으로 변모했다.

그런데 2기 입주자대표회의 집행부 앞에는 커다란 산이 하나 놓여 있었다. 지금까지 숱한 논란을 일으켰던 관리회사를 새롭게 선정하는 문제였다. 이 문제 해결에는 운도 조금은 따랐다.

최대 고비,
2기 관리회사를
선정하기까지

03

: 2012년 봄 :

2기 관리회사 선정은 동대표가 된 후 가장 큰 이목이 집중되는 일이었다. 앞서도 살폈듯이 1기 관리회사는 시공사가 선정했다. 이후 1기 관리회사와 계약을 해지한 뒤 1.5기 관리회사를 선정했는데 이 과정에서 많은 갈등이 발생했고, 그 갈등은 봉합되지 못한 채 주민들의 의식 속에 트라우마로 자리 잡고 있었다. 사실 우리는 아파트를 위해 최선을 다할 수만 있다면 어떤 관리회사라도 상관없다고 생각하고 있었다. 그러나 주민들은 트라우마에서 벗어나지 못한 채 이전 관리회사와 재계약할 것인가, 말 것인가를 두고 설전을 벌였다.

1.5기 관리회사 재선정을 주장하는 사람들 이들은 주로 1기 입주자대표회의 집행부를 중심으로 뭉쳐 있었다.	VS	1.5기 관리회사 배제를 주장하는 사람들 1.5기 관리회사의 비리로 금전적 손실을 입었다고 생각하는 사람들이었다.

물론 주민들이 아무 이유 없이 둘로 나뉜 것은 아니다. 재선정을 주장하는 사람들은, 초고층 아파트의 경우 특수한 관리 노하우가 필요하기 때문에 기왕이면 이전부터 관리하던 업체에 계속 맡기는 것이 안전하다고 주장했다. 만일 경쟁입찰을 벌인 결과, 자격은 갖추었으나 실력 없는 업체가 선정되기라도 하면 관리가 부실해질 염려가 있다. 기계 하나만 고장 나도 수백만 원에서 수천만 원이 들어가고 공조장치 관리 잘못하면 수억 원의 관리비 폭탄이 터질 수 있기 때문에 이전 관리회사를 재선정하여 혹시 모를 실패를 미연에 방지하자는 주장이었다.

반대 측 의견도 일리는 있었다. 1.5기 관리회사를 선정하는 과정 자체가 납득할 수 없었고, 이 때문에 관리비가 상승되었다, 이는 전형적인 아파트 비리로 주민들에게 수억 원의 손실을 안겨주었으니 해당업체는 당연히 배제되어야 한다는 주장이었다.

우리는 이보다는 우리가 필요로 하는 업체들은 어떤 자격을 갖추어야 하는지, 어떤 방법으로 선별해야 하는지 고심하고 있었다. 그게 주민에게도 유익하리라 생각했기 때문이다.

그래서 문제를 바라보는 관점을 바꾸어, 우선 초고층 아파트를 관리할 수 있는 업체가 몇 곳이나 되는지 조사에 나섰다. 생각보다 초고층 아파트가 꽤 있었고, 관리업체도 5곳은 넘는 것 같았다. 만일 이 정도 숫자라면 제한경쟁입찰(자격 제한을 두는 경쟁입찰 방식)을 원칙으로 해도 큰 무리는 없어 보였다. 또한 여론을 고려하여 1.5기 관리회사와 먼저 협상하는 방식, 즉 우선협상은 배제하는 게 뒤탈을 줄이는 방법이라고 생각했다.

우리가 제한경쟁입찰을 준비 중이라는 사실이 알려지자 1.5기 관리회사에서 접촉을 시도해왔다. 만일 우선협상권을 부여해주면 위탁관리수수료를 30% 절감해주겠다는 내용이었다. 관리회사 사장이 필자의 병원까지 찾아왔다. 실무자가 찾아와도 반갑지 않을 판국에 사장이 직접 찾아오자 너무 부담스러워 아무 이야기도 꺼내지 못하게 하고 돌려보냈다.

며칠 뒤 제한경쟁입찰 안건을 통과시키기 위해 회의를 열었다.

회의장은 시작부터 아수라장이 되었다. 부녀회와 노인회 회원들은 1.5기 관리회사와 우선협상을 하라며 고함을 쳤다. 이들은 자세한 내막이나 기술적 특성은 알지 못한 채 1.5기 관리회사가 아니면 분명 실력 없는 관리회사가 들어와서 아파트를 다 망칠 것이라고 믿고 있었다. 물론 그들의 이런 신념에는 지금까지 다져온 관리회사와의 끈끈한 정과 그들을 지원하는 이전 집행부의 입김이 작용했을 것이다.

우여곡절 끝에 제한경쟁입찰 안건은 통과되었다. 그러나 이번에는 다른 쪽 사람들이 문제였다. 1.5기 관리회사를 반대하는 사람들은 아예 이 회사가 입찰에 참여하지 못하도록 자격을 제한해야 한다고 주장했다. 법적으로 제한경쟁입찰을 하면 최저가 금액을 적어낸 업체가 낙찰이 되고 만일 똑같은 금액을 적어낸 업체가 있을 때는 추첨으로 당첨자를 정하게 된다. 만일 1.5기 관리회사가 최저가로 참여하면 다시 선정될 수도 있는 것 아닌가. 그러니 조치를 취하라는 얘기였다.

하지만 특정 조항을 삽입하는 것이 생각처럼 쉬운 일이 아니었다. 제한경쟁입찰을 실시할 때는 국가에서 정한 '주택관리업자 및 사업자 선정지침'에 따라 입찰 조건을 설정해야 하는데 자칫 선정 조건을 억지로 넣었다가 뜻하지 않게 양질의 회사를 걸러내는 경우도 있기 때문이다. 빈대 잡자고 초가삼간 다 태울 수는 없는 법이 아닌가. 결국 1.5기 관리회사를 탈락시키기 위한 조건은 만들지 않고, 일반적인 조건만으로 제한경쟁입찰을 시행하기로 했다.

반발이 컸다. 1.5기 관리회사를 배제하라고 주장하는 일부 주민은 '동대표들이 그들과 모종의 거래를 하려고 한다.'고 여겼다. 그들은 대놓고 '감옥에서 보자!'라는 말을 던지며 분노를 표출했다.

중립을 지킨다는 것은 쉬운 일이 아니다. 내 편은 하나도 없고 사방이 모두 적으로 둘러싸인 것 같았다.

'과정만 좋아서는 안 된다. 지금은 누구에게도 트집을 잡히지 않도록 결과물이 잘 나와야 한다'는 간절한 마음으로 입찰 공고를 올렸다. 최적의 시나리오는 5개 정도의 업체가 참여하는 것이었다. 너무 적은 업체가 입찰하면 이들이 담합하여 1.5기 관리회사가 될 가능성도 없지 않았다. 다행히 7개 업체에서 입찰을 해왔는데 모두 동일한 가격을 적어냈다. 이들이 동일한 가격을 적어낼 수 있었던 건 위탁관리수수료를 기준으로 당첨자를 선정하는 '주택관리업자 선정 지침' 때문인데 이에 따르면 위탁관리수수료는 '관리면적×단가'로 결정된다. 단가는 모두 최저가인 1원을 적어 넣은 것이고 관리면적이야 정해져 있으니 최저 입찰가는 1,307,450원이었다.

  최저가를 적은 기업이 여럿이어서 제비뽑기가 진행되었다. 이제는 운에 맡겨야 했다. 솔직히 1.5기 관리회사만큼은 뽑히지 않기를 빌었다. 우리가 속으로 점찍은 회사는 어느 정도 규모가 된다고 판단한 3곳 정도였다. 확률로 따지면 50%가 안 되는 상황이었지만 다행히 우리가 바라던 업체가 새 관리회사로 선정되었다. 결과에 대해 모두가 수긍할 수 있었고 극단적인 주민 대립은 피할 수 있었다. (현재는 주택법이 개정되어 최저가 낙찰 이외에 항목별 평가제를 할 수 있다.)

100만 원 관리비를
40만 원으로

"고양이가 정신 차리면 쥐들은 얼씬 못한다"

아파트 관리비 절감과 관련, 누가 입대의 집행부가 되느냐 하는 문제는 정말 중요하다. 우리는 관리비 절감이라는 목표에 다가서기 위한 큰 산 하나를 넘었다. 입대의 내부에서 비리를 저지르는 사람이 없다고 가정하면 남은 건 말 그대로 관리비 절약 방안이다. 관리비 절약 방안은 크게 세 가지로 나뉜다. 하나는 여러 관리회사들과 어떻게 계약을 맺을 것인가 하는 점이고, 둘은 인건비를 어떻게 줄일 것인가 하는 점이며, 셋은 아파트 설비를 얼마나 효율적으로 가동할 것인가 하는 문제다. 하나씩 살펴보자.

관리회사와의 **계약**을
유리하게 이끄는 방법

앞서 우리는 관리회사 선정 문제를 주민들의 신뢰 문제 차원에서 살펴보았다. 여론이 들끓었던 문제였던 만큼 그와 관련된 차원에서 따로 다루었다. 하지만 더 중요한 건 관리회사와 어떻게 계약을 맺는가 하는 점이다. 사실 아파트는 관리회사를 비롯하여 수많은 업체들, 예컨대 엘리베이터 관리업체, 조경업체 등과 계약을 맺게 된다. 이들과 어떤 계약을 맺느냐에 따라 관리 품질은 유지하면서 비용은 낮추는 두 마리 토끼를 모두 잡을 수 있게 된다. 그러나 계약을 맺는 주체가 아파트여도 늘 유리한 입장에 놓여 있는 건 아니다. 경쟁 구도가 형성되어 있는 분야라면 담합을 주의해야 하고 독점 구도인 경우에는 약점을 잘 파고들어야 한다.

이이제이, 경쟁 구도를 만들어라

이이제이(以夷制夷), 오랑캐로 오랑캐를 다스린다는 말이다. 서로를 견제하게 하면서 이득을 취하는 것을 말한다. 아파트 일을 하면서도 유용한 방법이다. 경쟁입찰도 이이제이와 같은 맥락이다. 하지만 경쟁입찰 방식에는 한 가지 문제가 있다. 말만 경쟁입찰이지 정말로 경쟁이 되는지 의구심이 들 때가 많다. 경쟁을 붙였으면 가격이 떨어져야 할 텐데 체감되는 입찰 가격이 높게 느껴질 수도 있고, 또 담합이 있을지도 모른다. 그럴 때는 어떻게 해야 할까? 기존 계약 업체에 경쟁자를 붙여 가격을 낮추는 방식이 있다.

조경업체와 1년 단위로 계약을 맺었다. 다시 재계약 시점이 다가왔다. 경쟁입찰을 해야 하지만 관리회사 센터장(아파트 관리를 책임지는 관리회사 사람)이 관리업체를 자주 바꾸면 적응하는 데 시간이 걸려 관리 효율성이 떨어지니 우선협상으로 가격을 떨어뜨리면 어떻겠냐고 제안했다.

"그럼, 우선협상을 하면 가격을 얼마까지 낮춰줄 수 있는지 의사를 타진해주세요."

가격을 낮출 수 없다는 답변이 돌아왔다. 동대표 한 분이 그쪽으로 아는 곳이 있었는지 이렇게 말했다.

"실제로 조경업체에서 입찰을 따도 재하청을 줍니다. 만일 재하청 받는 업체와 바로 계약을 맺으면 20~30% 가격을 낮출 수 있습니다."

20~30%는 적지 않은 비용이었다. 의견을 낸 동대표도 적극적인 입장이었다. 센터장의 의견을 듣고 싶었다.

"1년에 오천만 원이 넘는 계약입니다. 아무하고나 할 수는 없습니다. 조경 관리가 잘못되어도 보상받을 길이 없습니다."

동감이었다. 싼 게 비지떡이라고 무조건 싼 계약만 찾다가 일을 그르치면 안 된다. 하지만 싼 업체를 알고 있다는 것은 우리에게 큰 무기가 되었다.

"센터장님, 지금 조경업체에 현재의 상황을 알려주시고 만약 가격을 낮추지 않으면 위험을 감수하고서라도 소규모 업체에 맡길 수밖에 없다고 얘기해주세요."

결국 큰돈은 아니었지만 4백만 원 정도 절약하고 재계약을 맺었다. 결정권이 우리에게 있으므로 적극적으로 경쟁을 유도하는 것은 좋은 방법이다.

경쟁입찰을 붙이려고 할 때도 가능하면 사전에 가격을 조사하는 게 좋다. 아파트에서는 크고 작은 물품을 구입하기 때문에 경쟁입찰이 흔한데 이를 악용하고 업체들끼리 장난을 치는 경우도 있기 때문이다.

한번은 LED램프를 구입할 일이 있었는데 S사 제품으로 정하고 경쟁입찰을 붙였다. 특정 제품 구매의 경우, 제조사를 정해두지 않으면 싸구려 중국산이 최저가로 들어오기 때문에 제조사를 정해서 경쟁입찰을 붙인다. 그런데 경쟁입찰에서 낙찰된 가격이 예상금액보다 훨씬 비쌌다. 천만 원이 넘는 물건을 구매하는데도 낱개로 파는 인터넷 가격과 큰 차이가 없었다. 개인적으로 알아본 어느 업체는 L사 제품을 판매하고 있었는데, 이곳의 판매가와도 가격 차이가 컸다. S사와 L

사가 별로 가격 차이가 나지 않는데도 말이다. 가격 담합이 의심되는 부분이다. 결국 처음 경쟁입찰을 유찰시키고 L사 제품으로 다시 경쟁입찰을 했다. 새로운 회사가 저렴한 가격에 응찰하였고 300만 원의 돈을 절감할 수 있었다.

독점적 기업에도 약점은 있다

아파트는 수많은 회사들과의 계약으로 유지된다. 주 관리회사를 비롯하여 보안/미화 관리, 엘리베이터, 출입 통제 시스템, 조경관리, 재활용품관리, 쓰레기 이송 시스템 등등 수십 개에 달하는 회사들과 계약을 맺어야 한다. 아파트 입주 후 최초 2년간은 서비스 기간이라 유지비용이 들지 않지만 3년째부터는 유지 계약을 별도로 맺어야 한다. 이때 계약 조건을 어떻게 정하느냐에 따라 관리비와 서비스 품질에 변화가 생긴다. 쉽게 말하면 관리비를 너무 낮추면 서비스 품질이 떨어질 수 있으며(이는 아파트 가치 하락, 매매가 하락으로 이어질 수 있다), 반대로 서비스 품질만 고려하면 관리비가 너무 높게 책정될 수 있다. 이 두 가지의 균형점을 찾는 것이 아파트 계약의 핵심이다. 대부분은 이이제이의 방법으로 품질은 유지하며 가격을 낮출 수 있었는데 한 가지 예외가 있었다. 바로 독점적 기업들이었다.

특히 고층타워형 아파트와 같은 곳에는 고도의 기술력을 필요로 하는 설비가 많기 때문에 손을 댈 수 있는 업체도 별로 없고, 당연히 관리 비용도 상승한다. 물론 독점적 지위를 이용하여 이윤을 많이 남기려는 것은 어느 기업이나 마찬가지지만 아예 경쟁이 불가능한 경우

지나치게 높은 관리 비용을 요구하여 아파트로서는 부담이 되기 마련이다. 아마도 처음 시공사가 이런 첨단 장비들을 시공할 때는 아파트의 가치를 높이려는 의도도 있었겠지만 결과적으로는 유지 관리비를 수직 상승시켜 오히려 아파트의 가치를 떨어뜨리는 결과를 낳기도 한다.

그렇다면 어떻게 해야 할까? 이이제이의 방법이 통하지 않는 경우, 즉 경쟁 구조를 만들어 비용을 떨어뜨릴 수 없는 경우에도 몇 가지 참조할 만한 방법이 있다.

❶ 얼리어답터로서의 입지를 이용하여 관리비를 1/7로 줄이다

거의 모든 아파트에 보안을 위해 CCTV가 설치되어 있다. 우리 아파트에는 CCTV가 348대 설치되어 있는데 이를 효율적으로 관리하기 위하여 이노워치(InnoWatch) 시스템이란 첨단 관제시스템을 도입했다(관공서의 통합관제소에서 사용되는 시스템이다.).

일반적인 CCTV는 '카메라 + 디지털기록장치(DVR)'로 구성되어 있으며, 각 카메라는 독립적으로 영상을 보여준다. 내가 보고 싶은 곳이 있으면 각각의 영상을 찾아다니며 살펴야 한다. 이에 반해 통합관제시스템은 마치 포털 사이트 지도 서비스의 거리 뷰(view)처럼 각 영상들이 통합시스템에 의해 서로 긴밀히 연결되어 있다. 즉 수십 수백 개의 CCTV 카메라 영상이 마치 모자이크를 구성하듯이 다양한 방식으로 하나의 화면을 구성한다. 감시하고 싶은 지역을 설정하면 이 부근 CCTV들의 여러 영상이 하나의 입체 영상처럼 제공된다고 보면 이해가 빠를 것 같다. 또한 이 시스템은 실시간 감시 기능을 제공하는 동시에 DVR에 녹화되는 이중 방식을 취하고 있어 온라인으로도 조회가 가능하고, 녹화된 영상을 조회하는 것도 가능하다.

우리 아파트에 설치된 이노워치 시스템은 납품가만 5억이었고, 유지비용도 매우 높았다(통상 이런 IT 시스템은 도입가의 8~18%를 연간 유지보수비로 책정한다.). 게다가 이러한 통합관제시스템의 기능을 제대로 활용하려면 관공서처럼 100대당 1명씩 감시 인력을 배치해야 한다. 우리 아파트의 경우 총 348대이므로 상시 인력이 최소 3명 필요한데 이 때문에 인건비 부담도 만만치 않았다. 대체할 수 없는 독점 시스템이라 유지보수료를 낮출 수도 없고 그렇다고 유지보수 계약을 포기하자니 점검 및 고장수리가 문제였다.

2기 입대의 집행부는 이 설비가 주민의 돈으로 꾸리기에는 너무 부담스런 시스템이라는 데 입을 모았다. 그렇다고 이미 설치된 시스템을 버리고 비용 2~3천만 원을 들여 다시 일반적인 CCTV 시스템으로 갈아타는 것도 쉬운 일은 아니었다. 유지보수 비용을 최대한 낮춰 현 시스템을 유지하는 게 최선책이었다.

머리를 짜면서 고심한 끝에, 우리 아파트가 통합관제시스템을 최초로 설치한 시범 아파트라는 사실을 무기로 활용하기로 했다. 즉 우리는 이 시스템에 있어서는 일종의 얼리어답터이고 우리의 평가가 어떤 의미를 지니는지 적극 어필하기로 한 것이다. 만일 우리 아파트가 통합관제시스템을 포기했다는 소식이 예비 고객 명단에 있는 전국의 아파트들에 퍼지면 이 업체의 영업 활동에 문제가 될 수 있다고 판단했다. 협상 테이블이 마련되었다. '최초 설치 아파트'를 내세운 전략은 매우 효과적이었다. 설치업체는 1/7 정도로 낮춰진 최저유지보수 가격을 제시했고 우리는 이를 수용했다. 물론 가격이 낮아진 만큼 하드웨어 고장 수리는 별도로 지급하기로 했으나 당분간 시스템을 유지하는 데는 큰 무리가 없었다.

❷ 없던 경쟁자를 만들어 4,800만 원을 2,250만 원으로 줄이기

일반 아파트의 경우 엘리베이터 유지보수 비용은 큰 부담이 아니다. 유지보수 업체가 많고 경쟁이 치열하기 때문에 다양한 조건으로 계약을 체결할 수 있다. 하지만 1분에 240m를 이동하고(일반 아파트나 상가는 90m/min 정도의 속력), 64층까지 운행하며, 3대의 엘리베이터를 그룹으로 묶어 가장 빠르게 도착할 수 있는 엘리베이터를 호출하도록 설계한 특수 기종은 엘리베이터 제작사 이외에는 유지보수가 힘들었다. 참고로 우리 아파트 엘리베이터는 총 36대로 납품가만 100억에 이르는데 대당 가격만 따지면 일반 아파트 엘리베이터의 약 3배에 이른다.

2년간의 하자보증기간이 종료된 직후 1기 입대의 집행부는 어떻게 유지보수 계약을 맺을 것인가를 놓고 고심했다. 맺을 수 있는 계약은 두 가지였다.

● 일반유지보수계약(POG, Parts Oil Grease) : 기본 소모품만을 대상으로 보수를 해주는 일반 관리 계약이다. 기본 소모품 외에 부품이 고

장 나서 교체하거나 인력이 투입되면 비용을 따로 지불해야 한다.

● 종합유지보수계약(FM, Full Maintenance) : 어떤 구성품이든 고장이 나면 수리하거나 교체해주고, 또한 엘리베이터 정기 점검까지 해준다.

당시 우리 아파트는 일반유지보수계약을 맺었다. 엘리베이터가 아직 새 제품이고 그래서 고장이 적을 것으로 판단한 것이다. 그렇게 첫 계약 기간인 2년이 지나고 2기 입대의 집행부가 들어선 시점에서 재계약 협상을 벌이게 되었다.

지난 2년을 돌이켜 보니 생각보다 고장이 많았다. 부품비도 비싸서 제어반 메인보드 1장이 6백만 원, 보조로프 교체 비용이 1천 2백만 원, 메인로프 교체 비용은 3~4천만 원에 달했다. 더욱이 이는 엘리베이터 1대당 교체 비용으로 아파트 전체에 총 36대가 운행 중이었다. 이 때문에 보조로프와 메인보드 하나 교체하는 비용으로 거의 매달 2천만 원의 돈이 들어갔다. 더 큰 문제는 메인로프의 수명이 얼마 남지 않았다는 사실이었다. 수년 내에 메인로프만 교체하더라도 1대당 4천만 원씩 총 16대에 6억 원가량의 비용을 쏟아 부어야 했다.

상황이 이렇다 보니 일반 계약보다는 종합 계약을 맺는 게 장기적으로 낫다고 판단되었다. 남은 건 비용이었다. 기존 일반유지보수계약 비용은 전체 36대(고층용 12대, 저층용 20대, 화물용 4대)에 대하여 월 1천 4백만 원이었다. 종합유지보수계약으로 갈아타면 지하 주차장에서 지상으로 연결되는 셔틀 엘리베이터 4대를 포함하여 총 40대에 월 2천 5백만 원 정도가 나오지 않을까 예상했다(1대당 비용 62만 원선).

일반 아파트의 유지보수비인 대당 7~12만 원에 비하면 최대 9배 정도 높은 비용이지만 제품 자체의 특성을 감안하면 어쩔 수 없는 선택이었다.

우리는 종합유지보수계약으로 갈아타면 실제로 비용이 얼마나 상승하는지 엘리베이터 제작사에 문의했다. 업체가 제시한 가격은 월 4천 8백만 원. 예상치보다 2배 가까운 비용이었다. 입이 떡 벌어졌다. 이유를 물었더니 지금까지의 고장 횟수로 계산한 앞으로의 고장 횟수, 그리고 로프 수명에 따른 예상 교환비용을 따지면 이 금액이 나온다는 설명이었다. 우리가 입수한 비슷한 높이의 다른 아파트 유지보수비용보다도 훨씬 비싼 금액이었다. 같은 기종을 사용하는 타 아파트에 비해서 비싼 이유가 무엇이냐고 물었다.

"똑같은 기종이어도 우리 아파트의 제품이 10년 이상 최신기종이며 다른 단지는 처음부터 종합유지보수계약을 맺었기 때문에 새로 계약하는 것과 차이가 날 수밖에 없습니다."

처음부터 종합유지보수 방식으로 계약을 맺지 않았기 때문에 패널티를 감수해야 한다는 인상을 강하게 받았다. 이 역시 독점기업의 횡포라고밖에 할 수 없는 경우다.

수차례의 협상이 진행되었지만 만족할 만한 결론이 나오지 않았다. 처음 4천 8백만 원은 나중에 3천 2백만 원까지 내려가기는 했지만 그래도 사인을 할 수가 없었다. 그 사이 유지보수계약 기간이 끝났다. 1개월씩 계약기간을 연장하며 대화를 지속했으나 협상은 지지부진했다. 그렇게 서로 평행선을 달리며 수개월이 지나갔다. 하루는 센터장과 이에 관하여 논의하다가 뜻밖의 이야기를 들었다.

"경쟁입찰을 붙여보면 어떨까요?"

경쟁입찰이라면 사실 이전에도 해본 경험이 있었다. 그러나 엘리베이터 제작사 단독으로 입찰을 하는 바람에 유찰되고 말았다. 이후에도 혹시나 하는 마음에 다른 대형 엘리베이터 회사에 입찰 의향이 있는지 물어보았으나 부품이 독점 공급이고, 관리 노하우와 인력이 없어서 힘들다는 답변을 듣고 깨끗이 접었다.

하지만 센터장이 따로 알고 있는 업체가 있었던 모양이다. 규모는 작지만 고층 엘리베이터를 관리한 경험이 있고, 의욕이 넘치는 회사라고 했다. 굳이 대형 업체만 고집할 필요는 없을 것 같았다. 우리는 흔쾌히 센터장 의견을 받아들였다. 내심 '경쟁 구도'를 최대한 이용해볼 생각이었다.

"좋습니다. 밑져야 본전이니 한번 해보죠."

처음에는 상대 회사에서도 크게 신경 쓰지 않은 눈치였다. '우리 외에 누가 입찰에 뛰어들겠느냐'는 생각이었을 것이다. 하지만 며칠 뒤 A라는 회사가 입찰에 뛰어들면서 분위기가 반전되었다. 센터장이 알고 있는 눈치였던, 규모는 작았지만 고층 엘리베이터 보수유지 경험을 갖고 있는 회사였다. 제작사에서 부랴부랴 찾아왔다. 이 기종을 다른 회사가 유지보수 하기는 힘들고 부실한 관리로 인명사고 위험까지 있다며, 협박 반 읍소 반의 자세로 말했다. 제작사가 긴장하고 있는 느낌이 역력했다.

입찰은, 두 회사밖에 응찰하지 않아 유찰되고 말았다(규정상 유효 업체가 5개 이상이 되어야 한다.).

하지만 우리에게는 A 회사가 제시한 입찰가라는 무기가 생겼다. A 회사는 제작사 입찰가에 비해 400만 원 낮은 돈을 적어냈다. 속으로 쾌재를 불렀다. 지금까지는 돈을 내면서도 독점업체 앞에서 속수무책인 '을'의 입장이었지만 이제는 경쟁업체가 생김으로써 우리가 주도권을 쥔 '갑'이 된 것이다.

제작사의 움직임이 바빠졌다. 방문이 잦아졌고, 우리의 속내를 알고 싶어 했다. 물론 우리 마음은 변함이 없었다. 제작사와 계약하되 지금의 상황을 최대한 활용하여 유리한 계약을 맺는 것이었다.

제작사와 재계약하겠다고 생각한 이유는 첫째, 안전 때문이었다. 누가 뭐라고 해도 우리 아파트 엘리베이터를 가장 잘 관리할 수 있는 회사는 제작사다.

둘째, 경쟁 회사의 규모였다. 우리나라에는 승강기 안전 관리원이라는 기관이 있는데 이곳에서 엘리베이터 회사 규모에 따라 관리할 수 있는 최대 승강기 대수를 정해준다. 이에 따르면 제작사의 관리 가능 대수는 6만 5천 대인데 반해, A 회사는 2백 대였다. A 회사는 고층 엘리베이터 경험이 많다고는 하지만 회사 규모가 너무 작았다.

셋째, 차후 금전적 부담을 생각지 않을 수 없었다. 만약 A 회사에 관리를 맡겼다가 다음 계약 때 포기한다면, 결국 다시 제작사에 의뢰할 수밖에 없는데 이렇게 되면 계약 조건이 불리해질 수밖에 없게 된다. 이를 빌미로 고액을 요구하는 것이 일반화되어 있기 때문이다.

결국 이런 이유로 제작사와 계약을 맺기로 방침을 정해두고 있었다. 남은 건 어떻게 하면 가격을 낮출 수 있는가 하는 점이었다. 다행히 경쟁업체의 등장으로 주도권은 우리에게 넘어 왔다. 그러나 이것만으로는 충분한 무기가 될 수 없었다. 가격을 더 낮출 수 있는 명분이 필요했다. 우리는 우리 아파트에 대한 소문을 최대한 이용하기로 했다.

제작사 관계자와 마주했다.

"대표님, 계약 어떻게 하실 겁니까?"

"저는 개인적으로 여러분의 회사가 우리 엘리베이터를 관리해 주셨으면 좋겠습니다. 우리 아이들도 이용하는 엘리베이터이므로 기왕이면 안전하게 관리되기를 바랍니다. 하지만 우리 아파트 분위기 아시질 않습니까? 천 원 한 장 가지고도 극단적인 발언을 하는 분들이 많은 곳입니다. 만약 2,250만 원보다 더 비싼 가격으로 계약을 맺게 되면 주민들이 가만있지 않을 겁니다. 우리 아파트를 위해서는 당신 회사가 들어오는 게 맞지만 제가 그것 때문에 고소까지 각오할 수는 없습니다. 오히려 제가 부탁드립니다. 제발 가격을 맞춰주세요."

"알겠습니다. 회사에 보고하고 최선을 다하겠습니다."

제작사 역시 우리 아파트의 분위기를 잘 알고 있었다. 분명 필요해서 지출한 것인데도 약간의 비용만 발생해도 예민하게 반응하는 게 우리 아파트 사람들이었다(우리 아파트의 월 관리비는 10억 가까운 금액이었다.). 한 달에 수백, 수천만 원의 관리비를 절약한 것은 별로 중요하지 않았다. 아파트 내의 이런 분위기는 평소 동대표 일을 하면서 큰 스트레스였는데 지금은 오히려 좋은 협상 카드가 되었다.

며칠 뒤 제작사 관계자가 다시 찾아 왔다.

"대표님, 저희 회사에서 월 2천 5백만 원까지 가격을 내렸습니다. 어떻게 하실 겁니까?"

"전에 말씀드렸듯이 더 비싼 가격으로 계약하면 제가 너무 힘들어집니다. 전 주민들이 무섭습니다."

"하지만 대표님 5년 계약을 하면 그동안 메인로프를 비롯하여 교체해야 할 장비가 많습니다. 고층부 메인로프 가격만 6억입니다. 더 이상 가격을 낮추는 것은 힘듭니다."

"회사 사정은 잘 알겠습니다. 지금 당장 이익만 따지지 말고 길게 봐주세요. 만약 우리가 다른 회사와 계약을 맺은 후에 그들이 저렴한 가격으로 관리를 잘한다면 다른 아파트에서 다음에 누구와 계약을 맺겠습니까? 작은 이익 때문에 경쟁회사 키우지 마시고 제작사에서 크게 한번 양보해 주세요."

"알겠습니다. 다시 의논해 보겠습니다."

그 후 제작사에서 조건을 맞추기 위해서 최선을 다했다. 월 2천 4백만 원으로 하자는 새로운 안을 들고 왔지만 이도 거절했다. 며칠 뒤 다시 찾아왔다. 처음에는 월 2,250만 원으로 계약한 후 해마다 물가 인상률을 반영하자는 제안이었다. 작은 액수에도 예민하게 반응했던 과격한 동대표들도 어느 정도 만족한 표정을 지었지만 이마저도 거절했다. 계약 결정일 아침에 제안 금액은 2천 3백만 원까지 내려갔다. 그래도 거절했다. 단돈 50만 원이라도 5년이면 3천만 원에 달한다. 제작사는 우리를 따라올 수밖에 없는 상황이었고 나는 이를 최대한 활용했다. 결국 계약 결정일 오후가 되어서 우리는 2,250만 원에 사인을 했다.

딜(deal)을 할 때는
명분을 들고 가라

필자가 동대표로 일하는 동안 마음이 쓰이는 일 한 가지가 있었다. 바로 고사목 문제였다. 아파트라는 환경이 나무의 성장에 적합한 환경이 아니기 때문에 식목 후 2년은 기다려야 나무가 뿌리를 내리며 자리를 잡는다. 만일 2년 이내에 나무가 죽게 되면 시공사에서 다시 심어주도록 되어 있다.

그런데 문제가 있었다. 원래대로라면 2년이 지난 시점에서 시공사와 함께 고사목 현황을 조사한 후 '나무 몇 그루가 죽었으니 교체해 주겠다'는 내용의 서류를 작성해야 한다. 그런데 어찌된 일인지 이전 관리회사나 1기 입주자대표회의에서는 아무런 증거 서류를 남겨두지 않았다. 2기 입대의 사람들은 당연히 서류가 있으려니 생각하고 나무 교체를 요구했다가 시공사의 어렵다는 답변을 듣고 사정을 알게 되었다. 서류가 없으니 일단 자료부터 갖춰야 했다. 부랴부랴 고사목 현황을 조사해 보니 관목만 100그루 넘게 죽어 있었다. 시공사에 자료를 보냈다. 그러나 시공사는 '이 조사 자료가 2년이 아니라 3년이 지난 시점에 작성된 것이므로 100그루 전부를 다 고사목으로 인정할 수 없다, 3그루만 다시 심어주겠다'는 답변을 보내왔다.

너무하다 싶었지만 2년차 근거 서류가 없으니 달리 따질 방법도 없었다.

문제는 역시 돈이었다. 고사목 한 그루에 천만 원이 넘는 것도 수두룩했다. 100그루면 수억 원이다. 이 비용을 아파트 주민들이 감당할 수는 없다. 아파트 공원에 100그루의 죽은 나무가 방치된 채 시간은 흘렀고 주민들은 보기 흉하다며 불만을 털어놓았다. 출퇴근길, 아파트 길을 걸을 때마다 고사목이 눈에 밟혀 마음이 무거웠다. 과거를 탓해서 무엇 하랴. 어떻게든 종지부를 찍어야 했다.

시공사 담당자를 만나 해결책을 논의했다. 그들은 마치 자동응답기처럼 이번에도 상부에 보고할 명분이 없다는 말만 되풀이했다. 면담을 마치고 돌아오는 길로 다시 한 번 명분 찾기를 시작했다. 여러 방안을 찾던 중 '연차별 하자보수 증권'에 생각이 미쳤다. 무릎을 쳤다.

시공사에게는 아파트의 각종 벽체, 창호, 배관, 누수 등등에 대하여 연차별로 하자를 보수해줄 책임이 있다. 예를 들면 조명은 1년, 창호는 2년, 벽체는 3년 등으로 하자보수 기간이 지정되어 있다. 이 기간 내에 하자가 발견되면 시공사는 보수를 해줄 책임이 있다. 그런데 만일 이 기간이 경과된 이후에 문제가 발견되면 하자로 인정되지 않아 시공사에 법적 책임을 묻지 못한다. 설사 그 문제가 법정 하자기간 이전에 발생한 것으로 추정되더라도 말이다. 따라서 접수되지 않은 하자는 기간이 경과되면 그대로 책임이 사라지는 법정시효와 같아서 하자보수를 요구할 수 없게 된다.

당시는 우리가 입주한 지 3년차에 접어든 시점이었다. 이미 접수한 하자야 당연히 보수를 해주어야 하지만 아직 발견되지 않아서 접수하지 않은 하자가 있을 가능성은 언제든 있었다. 만일 우리가 3년차 하자까지 완전히 처리되었다는 합의서를 써주면 시공사로서는 쌍수 들고 환영할 것이라고 생각했다. 실제로 시공사 담당자는 흥미를 보이는 눈치였다. 다만 순서가 문제였다. 요컨대 합의서를 먼저 작성해 주고 고사목 AS를 받을 것인가, 아니면 합의서 작성 이전에 고사목 AS를 먼저 해결할 것인가 그게 관건이었다.

시공사에서는 '선(先) 합의서 작성, 후(後) AS'로 가자고 요구했다. 합의서를 상부에 보고하여 결제를 받아야 일을 시작할 수 있다는 설명이었다. 물론 우리로서는 '선(先) AS, 후(後) 합의서 작성'이 가장 바람직하다고 생각했지만 일이 되게 만드는 것이 중요했다. 타협안을 제시했다.

"합의서 작성을 개시하겠다. 그러나 고사목의 교체시기를 합의서 완료 시점이 아닌 합의서 작성 개시 시점으로 잡아달라."

합의서 작성은, 집행부나 동대표가 단독으로 할 수 있는 것이 아니라 아파트 실소유자들의 80%가 사인을 해야 완료되기 때문에 시간이 오래 걸린다(1600세대가 일일이 사인을 한다고 생각해 보라.). 어쩌면 사인이 완료될 때까지는 1년이 걸릴지도 모르는 일이었다. 어차피 합의서 작성에 1년이 걸린다면 자연히 3년차 하자보증 기간이 완료되어 합의서 작성이 아파트 측에 큰 손해가 되지는 않는다. 만일 그 사이에 하자가 발견되면 비중을 따져서 합의서를 무효로 돌릴 수도 있는 일이다.

또한 합의서와 고사목 교체를 1대 1로 바꾸지 않고 추가 요구 사항을 첨부했다. 즉 합의서를 넘기는 대가로 나중에 하자보수와 관련, 18가지 미진한 사항을 요구하기로 한 것이다. 나아가 연돌효과, 누수, 주차장 바닥 문제 등의 미해결 과제는 합의서에서 제외시켜 달라고 요구했다. 이런 사항들은 이미 시공사가 인지하고 있던 문제들이고, 언젠가는 처리해주어야 할 것들이어서 시공사로서도 부담 없는 요구 조건이었다. 다행히 우리의 제안이 받아들여지면서 협상이 원만히 타결되었다.

인건비 절감
포인트는 효율성

아파트에는 행정요원, 시설관리요원, 보안요원, 미화요원 등이 필요하다. 우리 아파트는 규모가 큰 관계로 약 100명의 인원이 고용되어 있는데 이들에게 지급되는 인건비가 관리비에서 가장 큰 부문을 차지하고 있다.

특히 우리 아파트의 경우는 인건비가 높게 책정될 수밖에 없는 구조다. 관리 인원이 많이 필요하기도 하지만, 가장 큰 비중을 차지하는 보안요원이 20~30대의 젊은 인력으로 구성되어 있기 때문에 상대적으로 연세 드신 보안요원보다 몸값이 비싸다.

또한 시설관리요원은 고층 건물 특성상 많은 노하우를 가지고 있는 베테랑 근무자를 필요로 하고 국가에서 요구하는 자격증이 많아 자연스레 임금이 올라갔다.

미화요원도 많이 필요했다. 10만 제곱미터 대지 위에 세워진 아파트에 건폐율이 20% 정도에 불과하니 약 8만 제곱미터 가까운 공간이 공원으로 쓰이고 있다. 웬만한 대형 공원 크기다. 거기에다 연면적이 50만 제곱미터가 넘으니 상대적으로 많은 미화인력이 필요했다. 우리 아파트는 이래저래 관리비가 많이 들어가는 숙명을 타고났다.

설상가상으로 주변에 우리와 비슷한 고층타워형 아파트가 들어서자 젊은 보안요원과 시설관리요원의 수요가 늘었고 이에 따라 고용시장이 경쟁 형태를 띠게 되자 숙달된 인원이 빠져나가면서 임금이 자연스레 상승했다. 그렇다고 마냥 임금을 올릴 수만은 없는 노릇이었다.

그 무렵, 2기 관리회사와 계약을 맺게 되었다. 우리는 새로 체결되는 계약을 통해 인원을 줄이면서 개인이 수령하는 임금은 최대한 올리도록 했다. 인원을 효율적으로 배치하고 직원 복지를 향상시키면, 서비스 품질은 유지하되 비용은 줄일 수 있다고 생각했다. 실제로 우리는 다른 아파트보다 인건비를 약간 높게 책정하여 직원 만족도를 높였다.

다음 관건은 인원 조정 및 근무 시간 변경이었다.

이전까지 보안요원은 24시간 3교대였다. 이를 24시간 맞교대로 바꾸는 대신 늘어난 근무량에 준하여 임금은 높였고, 야간에 돌아가면서 쉴 수 있도록 휴식시간을 제공했다. 업무시간은 늘었지만 임금이 높아져 만족하는 직원이 많았다.

시설관리요원의 경우는 비슷한 방식으로, 효율성을 높이면서 인력을 감축했다.

미화요원의 경우 관리비 절감보다는 효율에 집중했다. 이전까지는 모든 미화요원이 평일 9시에 출근해서 5시까지 근무했다. 아침 출근 시간이나 저녁시간, 특히 주말에는 청소가 되지 않아 민원이 많았다. 그래서 새벽 일찍 출근해서 일찍 퇴근하는 조, 늦게 출근해서 늦게 퇴근조로 구분하고, 주말에 돌아가면서 출근하되 평일에 쉬는 방식으로 인원을 재배치하여 미화 품질을 높이는 데 치중했다.

우리는 관리 품질 향상을 위해 직원 복지 문제에도 관심을 기울였다. 사실 복지 향상은 일단 돈이 더 들어가는 문제였다. 이 문제를 위해 고민하던 중 퇴직금에 새는 돈이 있다는 사실을 발견했다(앞서 35페이지에서 언급한 내용이다.). 퇴직금은 매월 월급의 10% 정도가 적립되고 1년이 지나면 지급하는 방식이었다. 하지만 채 1년을 채우지 못하고 퇴직하는 직원이 발생하면 퇴직금은 고스란히 관리회사가 가져갔다. 직원을 위해 지급한 돈이 엉뚱한 곳으로 샌 것이다. 우리는 이 돈을 직원들의 복지에 쓸 수 있도록, 퇴직금 통장을 입대의에서 관리하겠다고 요구했다(당시는 1.5기 관리회사가 있을 때였는데 2기 관리회사를 선정할 때는 기본 항목으로 계약서에 넣었다.). 관리회사는 우리의 요구를 받아들여 직원의 만족도를 높이는 동시에 인건비 상승 압박을 줄여 미래에 발생할 수 있는 관리비 상승분을 줄일 수 있었다. 한편 복지 향상은 관리 품질 향상으로 이어져 주민들도 크게 만족했다.

2009년 입주 당시에는 관리인원이 130여 명에 달했는데 이후 2010년에 114명, 2012년에는 97명까지 줄어 현재까지 비슷한 수준으로 유지되고 있는데 아파트 관리 품질은 이전보다 더 좋아졌다는 평가

다. 한편 2012년 인건비는 2년 전인 2010년에 비해 3천만 원 정도 줄었다(한 달 기준). 참고로 2010~2012년 사이 인건비와 관련하여 인력 변동과 인건비 절감액은 아래와 같다.

: 2010~2012년 인건비 및 인력 변동 [한 달 인건비(인력)] :

단위=천원(명)

	관리	보안	미화	합계
2010년	73,124(27)	96,572(46)	55,456(41)	225,152(114)
2012년	63,360(26)	82,646(35)	48,917(35)	194,923(97)

전기료와의 전쟁

관리비에서 인건비와 함께 가장 큰 비중을 차지하는 것이 전기료다. 전기료는 세대별 전기료와 공용전기료로 나뉜다. 세대별 전기료는 각 가정의 문제이므로 여기서는 제외하고, 공용전기료를 어떻게 절감했는지 살펴보자.

2007년 개정된 공용전기료 누진제는 우리 아파트처럼 공용전기 사용량이 많은 곳에는 악재로 작용했다. 일반 아파트는 공용전기료가 가로등, 급수펌프, 엘리베이터 전기료 등에 국한되어 그 규모가 크지 않지만 고층타워형 아파트에는 설비가 많아 전기 소모량이 엄청났다. 2009년 입주 첫해 여름에는 신생 관리회사의 미숙한 설비 운영과 자동제어 장치의 오류로 전기 사용량이 늘면서 최대치인 500% 할증률을 적용받았다(그해 8월 공용전기료는 5억 2천 1백만 원이었다.).

전기료 절감 포인트는, 설비의 효율적 운영 방식을 찾는 것이었다.

전기료와의 전쟁이 시작되었다. 2009년 8월 5억 원을 훌쩍 넘었던 전기료는 2년 뒤인 2011년에는 3억 8,045만 원, 2012년에는 2억 6,380만 원, 2013년에는 2억 2,837만 원로 처음보다 약 3억 가까이 떨어졌다. 전기료 절감 부분은 전문적인 내용이 많아 여기서는 주요 내용만 살펴보고 자세한 내용은 이 책의 2부에서 살펴보기로 하자.

환기시설 최적의 가동 방안 찾기

연돌효과(굴뚝효과)란 건물 안과 바깥의 온도 차이가 커서 생기는 내부 기류를 말한다. 건물 고층의 틈새를 통해 내부 공기가 빠져나가면 빠져나간 만큼 1층 부근에서 공기가 유입되는데 이게 아래에서 위로 흐르는 공기의 흐름을 만드는 것이다(28쪽 설명 참조). 이를 막기 위해 고층타워형 아파트는 밀폐형으로 건설하게 되는데 이 때문에 실내 환기 문제가 발생한다. 실내의 오염 공기를 바깥으로 내보내고 내보낸 만큼 신선한 바깥 공기를 유입시켜 기압을 맞춰주어야 하므로 이를 위해 강제 환기 장치가 필요한 것이다.

공기 오염이 가장 심한 주방과 욕실의 공기는 바깥으로 내보내고, 사람들이 일상적으로 머무는 거실과 각 방, 그리고 복도를 통해 공기가 유입되도록 하는 공조장치를 '급배기'라고 부른다. 급배기는 24시간 가동되기 때문에 평상시에도 공용전기 사용량의 1/3을 차지할 만큼 전기 소모량이 크다. 이 장치를 어떻게 운영하는가에 따라 평균 공용전기료 5천9백만 원 중 수천만 원의 전기료를 절약할 수 있게 된다. 우리는 전기료 절감 방안을 찾기 위해 효율적 운전 방안이 무엇인지 수차례 실험을 벌였다.

1차 실험 : 우선 사람이 적은 낮 시간 동안 급기(공기 공급 장치)와 배기
(공기 배출 장치)를 동시에 꺼보았다(급기와 배기를 합쳐 '급배기
airing'라고 부른다.). 장시간 환기가 되지 않자 이웃집의 담배
연기나 음식 냄새가 넘어오는 등 문제가 발생하여 급배기를
한꺼번에 끄는 방식은 정답이 아님을 알게 되었다.
2차 실험 : 다음으로는 배기(배출 장치)는 24시간 운용하고 급기(공급 장
치)를 한 시간 켜고 한 시간 끄는 방식을 시험했다.

이 방법은 나름 괜찮은 대안이었다. 우리는 점차 공급 장치의 중단
시간을 늘려서 현재는 아침, 점심, 저녁 식사 시간에만 2시간씩(하루
총 6시간) 급기를 돌려 신선한 바깥 공기를 공급하고, 복도의 경우는
급배기를 모두 끄되 아침과 저녁 1시간씩만 동시에 가동하도록 조절
하여 전기 소모량을 줄였다.

복도 조명 바꾸기

주차장과 복도처럼 여러 사람이 두루 사용하는 공간에는 조명이
필요한데 이곳에 전기 소비가 적은 LED램프를 사용하여 많은 전기
료를 절감했다. 특히 타워형 아파트는 복도에 창이 없고 복도가 매
우 길어 주차장만큼 많은 조명이 필요할 뿐 아니라 24시간 켜 두어
야 한다. 우리 아파트의 경우 복도 조명을 절반밖에 켜지 않는데도 약

7,000개의 전구가 필요했다.

예전부터 복도와 주차장 조명의 절전 방안을 찾으려고 노력했으나 당시는 LED 가격이 비싸 시행이 어려웠다. 시간이 지나 LED 램프 가격이 떨어지고, 구입비용의 절반에 한해 국가에서 최대 500만 원까지 지원해주는 사업이 있어서 교체를 단행했고, 그만큼 공용전기료를 아꼈다.

전기 대신 물로, 에어컨

우리 아파트의 에어컨은, 공기로 식히는 공랭식(air cooling)이 아니라 옥상에 있는 냉각탑의 차가운 물을 이용하여 에어컨을 식히는 수랭식(water cooling)이다. 수랭식 에어컨을 사용하는 아파트는 거의 찾아보기 힘들다. 그러나 수랭식 에어컨은 실외기를 설치하지 않아도 된다는 장점이 있다. 공간 배치가 자유롭고 냉각 효율이 높다.

수랭식 에어컨은, 기계실에서 냉각수 순환펌프를 가동, 냉각수가 순환되어야 작동된다. 그런데 여러 세대에서 동시에 에어컨을 가동하면 순환펌프를 가동하는 시간이 그만큼 늘어 전기 소모량이 많아진다. 우리는 순환펌프 가동 시간을 줄이면서 동시에 에어컨 가동을 원활히 하기 위해 냉각수에 차가운 물을 섞어 온도를 낮추는 방법을 택했다. 전기 대신 차가운 물을 쓰는 방식인데 싼 물 값으로 전기료를 대신한 셈이다.

창문(창호) 교체하기

타워형 아파트의 가장 큰 단점은 창문이다. 앞서 설명한 대로 우리 아파트는 밀폐형으로 지어졌는데 이 때문에 몸을 살짝 눕혀서 조금만 열리는 프로젝트 창문을 달았다. 또한 건물 외벽을 유리로 마감했기 때문에 햇볕이 조금만 들어도 실내는 금방 찜통이 된다. 가뜩이나 에어컨 돌리느라 비싼 전기료 줄줄 새나가는데 이건 아니다 싶었다.

이를 해결하기 위해 다방면으로 방법을 찾다가 프로젝트 창문을 떼어내고 잠수함의 해치처럼 활짝 열 수 있는 턴앤틸트(TT, TURN AND TILT) 창을 달 수 있다는 얘기를 듣게 되었다. 몇몇 세대에 시험 삼아 설치해 보니 비록 폭 50센티미터, 높이 1미터의 작은 창문이었지만 환기 효과가 매우 뛰어났다. 답은 찾았으나 문제는 비용이었다. 마침 입주 첫해 장마철 당시, 유리로 이루어진 커튼월 외벽의 하자로 빗물이 스며든 적이 있었다. 당시 9시 뉴스에도 방영될 정도로 크게 이슈화되었던 문제였다. 우리는 이 하자를 빌미로 시행사와 시공사를 압박하여 교체 비용의 상당부분을 지원받아 전 세대의 창문을 턴앤틸트 창으로 교체했다. 창문 교체는 이후 에어컨이나 공조장치 가동률을 줄여 전기료를 아끼는 데 일조하게 된다. 물론 물이 새는 문제 역시 수개월의 공사를 통해 대부분 보수를 마쳤다. 한편 시행사와 시공사가 순순히 창문 교체까지 지원해준 데에는 이미지 타격을 막기 위한 의도가 있으리라 생각한다.

무인 가동 엘리베이터를 없애라

60층 건물에 엘리베이터가 3대 있다. 이 엘리베이터들이 모두 60층에 있다면 1층 고객은 한참을 기다려야 한다. 이런 폐단을 줄이기 위해 3대의 엘리베이터를 하나의 시스템으로 묶어 운용하게 되는데 1층에 한 대, 30층에 한 대, 60층에 한 대 대기하고 있다가 가장 가까운 엘리베이터가 고객을 모시러 이동하게 된다. 예컨대 40층에서 고객이 호출하면 30층 엘리베이터가 40층으로 이동하게 된다. 그런데 40층 고객이 1층으로 내려가게 되면 어떻게 될까? 1층에 대기하고 있던 엘리베이터는 30층이 비었다는 사실을 인지하고 자동으로 이동하여 대기하게 된다. 이를 분산대기방식이라고 하는데 사람들이 기다리는 시간을 줄이기 위한 운용 방식이다.

그러나 이 방식의 문제점은, 사람도 태우지 않고 움직이는 경우가 생기므로 불필요한 전기료가 발생한다는 점이다. 그래서 우리는 이 분산대기방식을 해제하여 현재 멈춘 층에서 그대로 대기하도록 방식을 변경했다. 물론 엘리베이터 대기 시간은 길어졌지만 1,500만 원에 달하던 엘리베이터 전기료는 900만 원으로 낮아졌다.

이처럼 아파트 설비의 가동 방식을 효율적으로 조절하기 위한 노력 끝에 우리는 아파트 입주 이래 처음으로 할증료 없이 전기요금을 내게 되었다. 비록 전기 사용량이 상대적으로 적은 봄과 가을의 몇 개월에 한해서였지만 관리비 절감이라는 차원에서는 큰 효과가 있었다.

관리비 줄이기 TIP
수익원을 찾다

아파트 관리비를 줄이는 또 하나의 방법은 수익원을 찾는 것이다. 일반적으로 아파트에는 재활용품 판매, 광고수익, 핸드폰 중계기 장소 임대, 어린이집 임대, 알뜰장터 임대 등을 통한 수익원이 있다.

우리 아파트는 게스트룸, 코인세탁기 등의 공용시설물이 있지만 이는 주로 주민 편의를 위한 것으로 수익사업용으로 활용하기에는 적합하지 않았다. 한편 우리는 아파트의 공간적 배치나 미관, 그리고 혹시나 생길지 모르는 여러 논란 때문에 알뜰장터를 운영하지 않기로 했다(많은 아파트에서 알뜰장터를 운영하는데 부녀회가 '부녀회 기금'이라는 명목으로 수익금을 챙기면서 많은 문제를 일으키곤 한다. 2009년 주택법의 개정에 따라 공동주택에서 발생하는 모든 수익은 관리주체, 즉 관리사무소에서 관리하도록 되어 있다.).

우리는 주민 편의 시설과 알뜰장터를 제외하고 다른 방식으로 수익원을 찾아야 했다. 여러 방안을 탐색하던 중 광고 게시판 운영, 홈넷을 통한 주변 상가 광고, 엘리베이터 광고 모니터 운영 등을 시도하게 되었다.

홈넷을 통한 광고는 광고주에게 일정 광고료를 받고 홈넷에 공지하는 방식인데,

107
3장 · 100만 원 관리비를 40만 원으로

홈넷에서 해당 업체 버튼을 누르면 바로 전화가 걸릴 수 있도록 연계하였으나 광고주인 상가의 인식 부족인지 호응하는 업체가 없어 결국 무상으로 서비스를 개시, 인근 상가의 전화번호를 게시했다. 수익원을 포기하고 주민 서비스로 전환한 것이다.

반면 광고게시판은 인기가 많았다. A4 용지 12장까지 붙일 수 있는 광고게시판을 마련하여 입주민 게시판 옆에 똑같은 색상, 똑같은 크기로 설치하여 운영했더니 한 달에 최고 350만 원까지 수익이 생겼다.

또 다른 것은 엘리베이터에 설치한 광고 모니터다. 문제는 엘리베이터 환경이 전자제품에 영향을 주는지 자꾸 고장이 났다. 엘리베이터에 연결된 수백 미터의 케이블이 자꾸 말썽을 일으켰던 것이다. 처음 2년간은 AS기간이어서 그냥 수리를 맡겼지만 이후에는 수리비가 자꾸 들어 부담스러웠다. 방법을 찾던 중 KT 같은 기업에서 엘리베이터 광고 모니터를 지원한다는 얘기를 듣게 되었다. 이 모니터를 통해서 공지 사항도 전달할 수 있었다. 광고비로 받는 돈은 얼마 되지 않았지만 업체에서 모니터까지 관리를 해주었기 때문에 부담이 적었다.

관리비 60% 절감,
기적의 성과

04

    2기 입주자대표회의의 지상 과제는 관리비 절감이었다. 지금까지 살펴본 내용은 관리비를 줄인 이야기다. 하지만 여기에는 우리가 밝히지 않은 얘기가 있다. 100만 원 관리비 폭탄이 떨어진 시점은 입주가 막 시작된 2009년이었고, 이 당시는 아파트 설비에 대한 무상 AS가 이루어지던 때였다. 그러나 2년 뒤인 2011년이 되자 무상 AS는 종료되었다. 관리업체들과 새로 유상 계약을 맺을 때가 된 것이다. 엘리베이터 유지보수, 쓰레기 배송 시스템 유지보수, 이노워치 시스템, 조경관리 등 수많은 유지보수 계약이 기다리고 있었다. 그게 모두 돈이었다.

    주민들도 이 사실을 잘 알고 있었다. 그래서 2009년 100만 원이라는 관리비 폭탄은 '나중에 더 내야 할지 모른다'는 불안감으로 다가왔다. 2기 입주자대표회의는 이런 부담을 안고 출발했던 것이다.

계약이 시작되었다. 처음 이들 업체가 요구한 계약 금액은 규모가 큰 4개 업체만 따져서 1년에 5억 5천만 원 정도였다. 기타 잡다한 유지보수 비용을 합하고, 거기에 하나둘 망가지는 장비의 수리 및 교체 비용을 포함하면 관리비가 오르면 올랐지 줄인다는 건 엄두도 못 낼 일이었다.

하지만 세대 평균 관리비는 2009년 8월 113만에서 2012년 8월 53만 원으로 줄었다. 고층타워형 아파트의 특성상 여름철 관리비가 높아서 53만 원이었지, 봄이나 가을은 평균 40만 원 밑이었다. 2기 입주자대표회의가 소집된 지 불과 1년 만에 거둔 쾌거였다. 이 정도 액수면 일반 아파트의 관리비와 비교해서도 크게 높지 않은 수치였다. 이전에 흔하게 보던, 근심 어린 표정으로 삼삼오오 모여 회의하고 싸우던 모습은 종적을 감추었다.

물론 우리는 관리비를 무조건 줄이는 데 급급했던 것만은 아니었다. 1기 입주자대표회의는 관리비 상승에 대한 부담감 때문에 장기수선 충당금을 지나치게 낮게 책정하는 우를 범하고 있었다. 장기수선 충당금이란 아파트 단지 내 시설 유지나 하자보수를 위해 가구별로 일정액을 수금, 적립하는 돈이다. 이 돈을 제때 적립하지 않으면 10~20년 뒤 대규모 보수 공사가 필요할 때 적절히 대처할 수 없게 된다. 예컨대 15~20년 후에는 노후 엘리베이터를 교체해야 하는데 장기수선 충당금이 모자라면 각 세대당 수백만 원에 달하는 비용을 내야 할지도 모르는 일이다. 액수도 부담스럽고 마찰도 빚어지고 그러다 보면 시일이 지연되어 여러 모로 낭패에 부딪치게 된다.

장기수선 충당금은 주로 외부 도색, 엘리베이터 교체, 공용 보일러(혹은 열교환기) 교체 등에 쓰이므로 사전에 교체 시기나 금액 등을 고려하여 계획을 잘 세워두는 게 중요하다. 우리 아파트는 입주 초기 제곱미터당 20원씩 장기수선 충당금을 책정해 두었다. 20~30년간 모을 돈이라고는 하지만 액수 자체가 턱 없이 작았다. 1기 입주자대표회의는 정말 줄여야 될 돈은 못 줄이고, 더 내야 할 돈은 제대로 거두지 못하고 있었다. 관리비 불만을 피하기 위해 방치해 둔 것 같았다. 지금이 바로잡을 시기인 것은 분명하지만 누가 고양이 목에 방울을 달 것인지 그게 문제였다.

"이대로 장기수선 충당금을 방치할 수는 없습니다. 방법을 강구해야 합니다."

다른 대표들이 부담스러워했다. 적정 장기수선 충당금의 가격이 너무 높게 나와서 엄두가 안 났던 것이다.

"적정 금액까지는 아니더라도 어느 정도 현실적인 금액은 필요합니다. 1평방미터당 100원은 어떻습니까? 1년에 3억 1천만 원 정도 적립되면 20년 뒤에 얼추 100억 가까운 돈이 만들어질 것입니다. 충분하지는 않지만 큰 문제는 생기지 않을 것으로 보입니다."

"대표님, 100원의 적립금이면 세대당 거의 월 2만 원의 관리비가 부과되어야 합니다. 지금까지 5천 원을 내던 사람들이 1만 5천 원 이상을 추가로 부담하게 되면 반발이 심할 것 같은데요."

"하지만 지금의 20원으로는 이 아파트의 20년 뒤는 없습니다. 주민

들이 당장 싫어하고 욕하더라도 할 일은 해야 합니다. 올바른 일이라
는 확신이 있으면 더 이상 눈치 보지 맙시다. 100원이 부담스러우면
60원은 어떻습니까? 일단 60원으로 올린 다음에 100원으로 올리는
방안을 생각해 보죠."

결국 1평방미터당 60원으로 책정, 세대당 관리비는 7천 원이 올랐
다. 다행히 주민 반발은 없었는데 이제까지 관리비 절감에 어느 정도
만족한 데다 이곳이 하루 살고 떠날 곳이 아니라 오랫동안 살아야 하
는 공간임을 모두 공감했기 때문인 것으로 풀이된다. 그리고 무엇보
다 아파트 관리와 관련, 주민들 사이에 입대의에 대한 신뢰가 형성되
었기 때문이지 않을까 싶다.

서비스 시설,
어떻게 **활성화**시켰나

요즘 마케팅에서는 감성 품질이라는 말을 쓴다. 명품이 제값을 받는 것도 바로 이 감성 품질 때문이다. 예컨대 과거에는 신차를 출시하면 차의 크기나 주행성능을 강조하는 경우가 많았다. 그런데 최근에는 드라이버의 감성적 부분을 자극하는 새로운 기능을 부각시킨다. 주행과 무관한, 작은 옵션 하나 때문에 차 값은 거의 2배 가깝게 뛰기도 한다. 샤넬백도 마찬가지다. 제조원가만 생각하면 도저히 그 값을 주고 살 수 없다. 하지만 이 상품들에는 감성적으로 특별한 무언가가 있기 마련이다.

요즘 아파트의 트렌드는 커뮤니티다. 아파트는 더 이상 창고 형태의 닭장처럼 서로 단절된 공간에서 잠자고 밥 먹는 주거 공간이 아니라 이웃과 소통하고 함께 삶을 향상시키는 공간으로 변모되고 있다. 소득수준이 높아짐에 따라 좋은 환경이 무엇인지에 대한 사회적 고민이 커졌고, 이에 따라 커뮤니티 공간이 아파트 가격에 미치는 영향도 커졌다.

하지만 우리 아파트는 단지 규모에 비해 커뮤니티 공간이 거의 없었고, 주민들도 이를 아쉬워하고 있었다. 주민들의 삶의 질 향상을 위해서도, 아파트 가치와 시세를 높이기 위해서도 커뮤니티 시설은 반드시 필요했다.

작은 돈을 들여서라도 커뮤니티 시설을 만들어 놓으면 그만큼 아파트 가치가 상승하고 삶의 질이 나아진다. 하지만 커뮤니티 시설에 대한 필요성이 사람마다 다르다는 것이 가장 큰 문제였다. 이런 시설은 필요 없다고 여기는 사람도 있기 마련이고, 돈 문제에 민감한 사람들도 있기 마련이다. 대부분이 찬성하더라도 생각이 다른 몇몇 사람들의 의견 때문에 실행에 옮기기 어려운 점이 있었다. 커뮤니티 시설은 입주하기 전에 시공사와 이야기를 끝내는 게 가장 좋은 방법이다. 하지만 이미 지난 일을 어떻게 돌리겠는가. 최대한 비용을 줄일 수 있는 방법이 필요했다. 커뮤니티를 만들기 위해서 필요한 것은 공간과 시설이다. 이 두 가지를 어떻게 돈을 들이지 않고 만들 수 있을까?

공간은 아파트 각동에 있는 다목적실을 이용하기로 했다. 다목적실은 시공사에서 만든 커다란 방인데 들어가 보면 큼직한 회의용 책상과 의자 몇 개가 덩그러니 놓여 있다. 주민 회의 장소로 몇 차례 쓰인 적은 있었지만 지난 3년간 별 쓸모없이 빈 공간으로 남아 있었다. 이곳을 비롯하여 아파트 내 여러 공간들을, 주민을 위한 공간으로 탈바꿈시키기 위해서는 많은 고민이 필요했다.

❶ 티하우스(Tea House)

아파트 공원 한가운데에는 커피 한 잔 마실 수 있는 티하우스가 있다. 위치도 좋고 건물도 멋있지만 3년째 제 기능을 발휘하지 못하고 있었다. 활성화를 위한 시도는 수차례 있었다. 처음에는 부녀회에서 운영을 맡았다. 하지만 무료 봉사의 한계를 넘지 못하고 실패로 돌아갔다. 다음에는 관리 직원을 고용하여 활성화를 시도했다. 하지만 인건비가 부담스러워 저녁과 휴일에는 문을 닫았더니 이용률이 저조했다. 또한 인테리어와 커피 맛도 별로여서 인근에 수십 개 널려 있는 각종 커피숍을 놔두고 여기를 가야 하는 이유를 찾을 수 없었다. 마치 자판기 커피와 아메리카노의 대결이랄까.

운영시간을 밤까지 늘리고, 커피머신에서 제대로 뽑은 커피맛과 멋있는 실내 인테리어를 즐길 수 있고, 무엇보다 책임감을 가지고 운영할 수 있는 방안을 모색해야 했다. 문제는 돈이었다. 인건비와 시설비, 재료값을 충당하려면 수천만 원의 초기 비용과 매달 수백만 원의 고정 비용이 들어갈 것으로 예상되었다.

고민 끝에 아파트 주민에게 운영을 맡기는 방향으로 가닥을 잡았다. 물론 수익은 운영하는 주민이 가져가는 방식이었다. 대신 입주자대표회의는 주민의 편의를 위해 몇 가지 제약을 두었는데 커피값은 기본 메뉴인 아메리카노는 1,000원으로, 기타 커피는 2,000원대에서 파는 조건이었다. 대신 임대료도 없고, 어느 정도 매출이 오를 때까지 수도세와 전기료는 한푼도 받지 않기로 했다(수도세와 전기세는 이전부터 관리비에서 내고 있던 돈이었으므로 아파트로서는 딱히 손해도 아니었다.).

입주자 3명이 운영을 희망했다. 그중 두 명은 수익성이 없다고 판단했는지 포기하고 자연스럽게 남은 한 명에게 티하우스를 맡기기로 했다. 다행히 이 분이 티하우스를 멋지게 바꾸고 운영을 잘해서 주민들에게 크게 호응을 받았다. 이전까지는 하루 2~3명도 이용하지 않던 티하우스가 하루 최대 100명 가까운 주민이 즐기는 공간이 되었으며, 주변 아파트의 부러움을 사게 되었다.

티하우스 관련 추가 설명

개선 전 티하우스의 개방 시간은 평일 오전 10시부터 오후 6시까지여서 이용률이 떨어졌고, 메뉴 또한 커피메이커를 이용한 원두커피 한 품종만 팔았다. 그 2년 동안 입대의와 관리회사는 외주, 위탁관리, 직영 등의 방안을 놓고 심도 있게 논의했고, 특히 바리스타의 고용도 추진했으나 시설 보강 및 인력 수급 문제로 백지화했다. 이후 2기 입대의가 출범하면서 주민 가운데 희망자에게 위탁관리를 맡기기로 했는데 다음과 같은 조건을 걸었다.

- 판매 가격 : 아메리카노 기준 1,000원
- 모든 판매가는 사전에 입대의와 협의
- 운영시간 10:00~22:00
- 임대료 무상, 전기료 6개월 지원

이후 운영 계획서 평가에 따라 주민 한 명을 선정했고, 카페 운영 선정자는 입대의로부터 300만 원 지원금을 받아 2년 전 구입한 내부 테이블과 의자를 전부 교체했다. 또한 티하우스의 내외부에 간단한 소품을 배치하고 천정과 빈 공간 곳곳에 그림을 배치하여 고급스런 분위기를 연출했다. 또한 2구 커피메이커와 쇼케이스를 설치하여 여느 커피숍 못지않은 시설을 갖추었다. 커피 원료 역시 최고급 원두인 '케냐AA' 등급의 재료를 사용했다. 운영 개시 5개월째 들어서자 휴일에는 최대 100여 명의 주민이 방문하는 단지의 명물로 자리를 잡았다.

: 아파트 한가운데 위치한 카페 〈티하우스〉와 입구 :

: 티하우스 내부 :

---

❷탁구장

아파트 내에 스포츠 시설이 없었다. 단지 내에 스포츠 센터가 있지
만 아파트 소유가 아니라서 가격이 비쌌다. 가장 쉽게 시작할 수 있

는 시설이 탁구장이었다. 마침 지하에 알맞은 공간이 있었으며 시설 비가 들지 않아 쉽게 시도해 볼 수 있었다. 탁구 시설도 인근 은행의 협찬을 받았다. 대부분의 은행에는 홍보를 위한 예산이 있는데 탁구 대를 기증받는 조건으로 탁구대에 'ㅇㅇ은행 기증'이라는 문구를 넣 어주면 되었다. 아파트로서는 돈 한 푼 들이지 않고 탁구장을 만들었 고, 주민 호응도 높았다. 나중에 시설 확장이 필요해서 1층 다목적실 하나를 탁구장으로 개조했다. 주민들끼리 탁구 동호회도 만들고 탁 구 교실도 열었다.

❸ 요가 교실

주부를 위한 요가 교실을 만들었다. 이전부터 주부들이 원하던 커 뮤니티였다. 아파트에서는 공간만 마련해주고 나머지는 요가를 희망 하는 사람들이 자체적으로 운영하기로 했다. 이론상으로 20명이 수 강하면 월 만 원으로 요가 강사 비용을 충당할 수 있다. 그래서 수강 비를 만 원으로 책정하고 부족한 비용은 아파트에서 보조하기로 했 다. 일부 주민들이 관리비를 특정 주민을 위해서 쓴다고 반대했지만, 다행히 수강생이 많아 보조금 없이 잘 운영되고 있다.

❹ 키즈룸(유아 놀이방)

요즘 새로 생기는 아파트에는 키즈룸이 있다. 그만큼 육아 환경이 아파트 가치에서 중요해졌기 때문이다. 우리 아파트도 키즈룸을 요 구하는 목소리가 커졌다. 나 역시 아이를 길러보았던 부모로서 키즈룸이 없는 게 아쉬웠다. 문제는 시설비용이었다. 기본적인 설비만 갖추는 데도 천만 원이 훌쩍 넘었다. 더욱이 주민 전체가 낸 돈을 유아가 있는 가정만을 위해서 쓸 수도 없는 노릇이었다. 다행이 방법이 있었다. 입주자대표회의 비용이라는 것이 있다. 동대표의 회의 수당과 기타 아파트를 위해서 자유롭게 쓸 수 있는 돈이다. 통상 동대표 10명의 회의 수당과 회장, 이사의 활동비를 제외하면 거의 남는 돈이 없으나 지금은 상당한 돈이 계속 남고 적립이 됐다. 마침 2기 동대표 공식 활동이 끝날 때쯤이었는데 그때 남은 돈이 천만 원 정도에 이르렀다. 이 돈으로 키즈룸을 만들었다.

❺ 스포츠 센터

스포츠 센터는 아파트 입주 전부터 뜨거운 감자였다. 분양을 받을 때는 주민을 위한 스포츠 센터라고만 여겼는데 막상 입주하니 회원권만 연간 백만 원이 넘는 일반 스포츠 센터였다. 아파트 주민이 아니더라도 누구나 돈만 내면 이용할 수 있는 곳이었다. 주민들은 '속았다, 사기다'라며 법원에 고소하고 재판까지 벌였으나 보기 좋게 참패하고 말았다. 어설픈 고소로 시공사에 면죄부만 준 꼴이었다. 덕분에 스포츠 센터를 협상 테이블에 올릴 수 있는 여지도 사라지고 말았다.

그럼에도 많은 사람들이 스포츠 센터를 원했다. 그러나 공간이 없었다. '지하 3층을 이용하자', '지하 주차장 일부를 개조하자'는 등 의견은 많았지만 현행법상 불가능한 방법들뿐이었다. 어느 공간에 자리를 마련할 것인지부터 꽉 막혔다.

먼저 독립 건물에 위치하고 있던 주민 센터 공간을 활용하는 방법을 고민했다. 이 건물 2층을 몇 개의 블록으로 나누고, 반드시 필요한 공간과 남는 공간을 구분했다. 다음은 레고처럼 공간의 조합을 만들어 보았다. 아래 그림 1~2번의 검게 칠한 부분처럼 1층에는 복도에 빈 공간이 있으며, 2층에는 북카페와 시청각실이 있었지만 쓰이지 않는 공간이었고, 이와 별도로 복도에 빈 공간이 있었다. 나아가 2층에 있는 대표 회의실도 반드시 필요한 공간이라고 볼 수는 없었다. 가끔 회의할 때만 쓰는 공간이라면 차라리 다른 곳에 자리를 알아보는 게 더 좋을 수 있었다. 그래서 대표 회의실을 없애고 그 옆에 있던 보안실을 1층 빈 공간으로 옮기면 상당한 공간을 확보할 수 있었다.

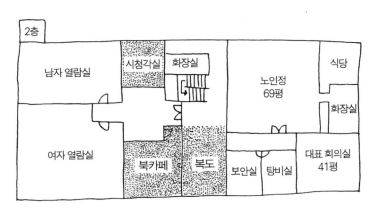

그림 1번. 스포츠 센터를 마련하기 전 주민 센터 2층

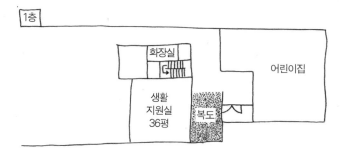

그림 2번. 스포츠 센터를 마련하기 전 주민 센터 1층

그렇게 해서 확보한 공간이 아래 그림 3번으로 약 60평을 마련할 수 있었다.

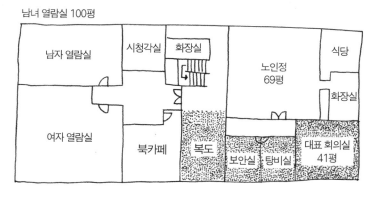

그림 3번. 대표회의실과 탕비실을 없애고
보안실을 1층으로 돌리기로 하면 2층에 60평의 공간이 확보된다.

그러나 1,600세대가 이용하기에는 너무 좁았다. 그래서 도서실 전체 면적 140평 가운데 북카페와 시청각실처럼 잘 쓰이지 않는 공간과, 이용 공간에 여유가 있는 남녀 열람실을 60평으로 줄이고 도서실 자리 140평을 스포츠 센터로 활용하자는 방안이 나왔다. 반응이 뜨거웠다. 다음 그림 4번은 최종적으로 확보한 스포츠 센터 공간이다.

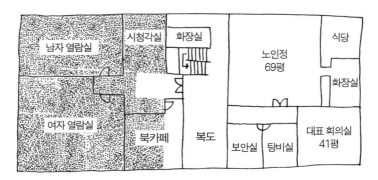

그림 4번. 도서실 자리에 115평을 확보, 스포츠 센터 자리로 낙점했다.

다음은 돈이었다. 인테리어와 시설에 들어가는 비용을 합하면 대략 2억 5천만 원이 필요했다. 세대당 20만 원 정도 각출하면 충분한 일이지만 현실적으로 불가능한 일이었다. 스포츠 센터를 원하지 않는 사람들에게 돈을 걷을 수는 없는 노릇이기 때문이다. 그렇다고 시공사에 돈을 요구할 수도 없었다. 일전에 창호 교체 비용의 일부를 부담시킬 때 더 이상의 민원성 요구를 하지 않겠다고 사인을 했기 때문이다. 고민에 빠졌다. 시공사 차장에게 전화를 걸었다.

"이번에 스포츠 센터를 만들려고 하는데 어떻게 도와줄 수 없겠습니까?"

"대표님, 저희도 위에 보고를 해야 되는데 명분이 없습니다. 더 이상 민원 요구 않기로 합의서까지 다 써놨는데 뭐라고 보고하겠습니까? 재판에서도 우리가 이긴 사항이라 지원은 힘듭니다."

문제는 명분이었다. 그럼 어떻게 명분을 줄 수 있을까? 먼저 시공사가 우리에게 해줘야 하는데 아직 해주지 않은 게 무엇이 있는지 찾아보았다. 그중에 우리가 포기를 해도 크게 지장 없는 것, 그리고 2억 5천만 원과 딜(deal)을 할 수 있는 것을 살펴보았다. 마침 알맞은 게 있었다. 아파트 각동의 로비 밖과 중앙수로 옆 300m 길이 구간에 샌드스톤이라는 바닥돌이 깔려 있는데 변색이 되어서 우리가 교체를 요구하고 있었다. 일부는 교체가 완료되었으나 나머지는 공사가 진행되지 않아 아파트 지하에 교체용 샌드스톤을 보관하고 있었다. 굳이 교체하지 않아도 지금까지 별 불평도 없었고, 그래서 시공사에서도 교체하지 않고 있었던 것이다. 이 정도 규모면 충분히 딜이 가능해 보였다. 시공사에 전화를 걸었다.

"차장님, 우리 샌드스톤 전면 교체 왜 안 해주시죠?"

"변색된 돌만 교체할 예정이었는데요?"

"변색된 돌만 교체하면 주위 돌과 어울리지 못해 더 이상합니다. 전면 교체해야 될 사항입니다. 당연히 하자이니 대충 해주시면 안 되죠."

"……"

상대가 말문이 막힌 걸 확인하고 준비된 멘트를 날렸다.

"아니면 샌드스톤 대신에 스포츠 센터를 해주는 것은 어떻습니까?"

우리는 시공사에 필요한 명분을 주었고 시공사도 이를 받아들였다. 한편 우리는 지하주차장에 있는 샌드스톤을 우리에게 달라고 시공사에 요구했다. 각동 로비 앞 샌드스톤은 오염이 많이 됐고 수로 옆 샌드스톤만큼 면적이 넓지 않아서 만일 샌드스톤만 있다면 이후 시공비 추가만으로 얼마든지 교체가 가능하다는 생각이었다. 시공사도 샌드스톤 가져가 봐야 딱히 쓸 데가 없어서 우리 제안을 받아들였다.

도서실 문제 해결

도서실은 40평짜리와 10평짜리로 구분되어 있다. 40평짜리는 남자용과 여자용 그리고 시청각실로 나뉘며 10평짜리는 아동용 북카페로 활용된다. 도서실 이용료는 1일 천 원, 한 달 만 원이다. 도서실 관리에서 중요한 것은 냉난방에 사용되는 전기료와 외부인의 접근 차단이다. 우리 아파트는 한 건물에 모든 부속시설이 다 포함

: 아이들 뒤편으로 보이는 건물에 도서실이 있다. :

되어 있는 구조가 아니라 옆 사진처럼 관리사무실, 방제실, 도서실, 유치원, 경로당 등이 단독 건물에 따로 위치해 있어 외부인의 접근이 쉽다. 초창기에는 지문 인식기를 설치하여 등록된 주민만 출입하도록 했으나 장비가 자주 고장 나고 야간 등록 절차가 번거로워 무용지물이 되었고 보안 인건비 절약을 위해 도서실 경비인력을 철수시켰다. 그러자 인근 학생들이 좌석을 점유하여 정작 우리 단지의 주민들이 이용하기 어려운 상황에 처했다. 이런 문제를 해소하기 위해 우리는 다음과 같은 조치를 취하여 매월 인건비 약 1백만 원을 절약했다.

- 주민 확인이 쉽도록 좌석에 출입증 클립 설치
- 보안인력 매시간 순찰
- 상시 근무 인력이 필요할 때(저녁, 시험기간)에는 주민 가운데 아르바이트 희망자를 모집

❻ 무료잡지

〈럭셔리〉, 〈노블레스〉 등 고급제품을 홍보하는 잡지가 있다. 주로 백화점이나 미용실에서 고객용으로 마련해 둔 것인데 일부 강남의 고층타워형 아파트 로비에도 비치되어 있는 모습을 본 적이 있을 것이다. 우리 아파트에도 이를 비치하기 위해 각 잡지회사 담당자와 통화했다. 우리 아파트의 생활수준을 홍보하여 잡지를 비치하면 좋을 것이라고 설득했다. 결국 500부의 잡지를 매달 무료로 공급받기로 했으며 많은 주민들이 구독하고 있다.

일부 소모품의 대량 구매

관리회사를 통해 주민들의 만족을 높인 한 가지 사례를 소개한다. 아파트 같은 공동주택은 사용하는 소모품이 대부분 동일하다. 이러한 소모품에는 전구, 필터 등이 있으며 보통 마트에서 개별적으로 구입해서 교체하곤 하는데 일부 소모품은 구하기도 어려울뿐더러 비싸기까지 하다. 그래서 이러한 소모품을 관리실에서 미리 다량으로 싸게 사두었다가 주민에게 재판매함으로써 주민 편의를 높일 수 있다. 예를 들면 우리 단지의 욕실에 사용되는 전구는 PL-C 18W/865/4P 전구로 시중에서 쉽게 구할 수 없는데다 개당 약 5,400원에 인근 마트에서 판매되고 있었는데 이를 100개 단위로 개당 3,500원씩 구매하여 판매하고 있다. 또한 싱크대에는 음식물 쓰레기 탈수기가 설치되어 있는데 시중에서 구할 수 없는 거름망 역시 관리실에서 저장품으로 다량 구매한 후 판매하고 있다.

또한 초기에는 직접 주민이 돈을 내고 물건을 구입하였지만 이것 역시 현금을 가지고 다니는 번거로움을 해결하기 위해 영수증만 받고 나중에 관리비로 청구하고 있다.

❼ 게스트룸

(※ 게스트룸과 관련된 내용은 관리비 절감/수익원 창출의 사례에도 해당되는데 주민 편의 시설로 분류하여 여기에 소개한다.)

우리 아파트 64층에는 호텔형 숙박 시설이 있었는데 이를 '게스트룸'이라고 부른다. 각 가정에 손님이 방문했을 때 편안히 지낼 수 있도록 마련해 둔 숙박 시설이다. 64층 높이에 위치하고 있고, 사방이 통유리로 되어 있어 전망이 좋다.

하지만 너무 비싼 바람에 이용률이 높지 않았다. 평수에 따라 총 4가지 형태의 게스트룸이 있는데, 가격이 하루에 8~15만 원선이었다. 길 건너편에 위치한 5성급 쉐라톤 호텔에 비해서 별로 싸다고 느낄 만한 가격은 아니었다. 주민 시설이란 모름지기 주민이 싸게 이용할 때 그 가치도 커진다고 생각한다.

이런 이유로 2기 관리회사에 가격을 낮출 수 있는 방안을 물어보았으나 기본 유지비용이 많이 들어가서 힘들다는 답변이 돌아왔다. 무슨 유지비용이 그렇게 많은지 의심스러웠다. 내용을 따져보니 한심했다. 방값 8만 원 가운데 5만 원 이상이 침구류 세탁비로 쓰였다. 보통의 숙박시설은 이불이나 베개에 커버를 씌우고 커버 중심으로 세탁하여 비용을 줄이지만 우리 아파트 게스트룸에는 커버 자체가 없어서 지금까지 이불을 통째로 세탁했다. 그밖에 수건이나 가운을 세탁하는 비용도 꽤 비쌌는데 알고 보니 세탁소에 일을 맡기면서 낭비하는 돈이 많았다. 운영 자체가 비효율적이었다. 그간 많은 주민들이 가격 현실화를 요구하였지만 1기 집행부 그 누구도 2년 넘게 이 일에 손을 대지 않았다. 2기 집행부가 소매를 걷어붙이기로 했다.

먼저 커버를 구입하고, 침구 커버나 수건 세탁은 내부에서 직접 하기로 방침을 정했다. 얼마 뒤 관리회사를 바꾸면서 계약서에 '게스트룸은 미화업체에서 직접 세탁을 한다'는 항목을 삽입했다. 세탁비는 대폭 떨어졌다. 결국 게스트룸 사용료는 절반 가격인 4~8만 원으로 내려갔다. 가격이 낮아지면서 이용률이 높아져서 실질적인 매출액도 증가하였다.

추가 설명

게스트룸은 11평, 15평, 18평 등 총 4개의 평형으로 되어 있으며 내부에서 간단한 조리를 할 수 있다. 4개의 타워동 중 2동의 최상층(64층)에 자리를 잡고 있다.

개선 전(문제점)

- 고가의 사용료(11평 8만 원, 15평 10만 원, 18평 15만 원)
- 단지 세탁소에 세탁을 맡겨 운영비 과다 발생
- 일부 주민이 장기간 사용으로 가장 필요한 주말에 인기 평형은 대여가 불가한 상태

개선 후

- 사용료 1/2로 인하(11평 4만 원, 15평 6만 원, 18평 8만 원)
- 세대당 한 달에 3박의 기본 사용일자 초과시 100%의 추가 사용료 부과
- 관리회사를 교체하며 미화 인력을 전담으로 배치

: 게스트룸 내부 :

: 연회장 내부 사진 :

한편 게스트룸이 설치되지 않은 남은 두 동의 최상부에는 약 100평의 연회장이 있다. 이용료는 주간(11:00~15:00) 5만 원, 야간(17:00~21:00) 8만 원, 전일(10:00~21:00) 12만 원이다. 게스트룸과 마찬가지로 경치가 좋아 저 멀리 인천대교도 볼 수 있다.

2012년 최우수 살기 좋은 아파트에 선정되다

인천시에서는 매년 살기 좋은 아파트를 선정한다. 아파트 일반관리, 시설 유지관리, 공동체 활성화 등 평가 항목이 여러 가지다. 당연히 관리비도 여기에 포함된다. 2012년 우리 아파트는 〈인천시 최우수 살기 좋은 아파트〉로 선정되었다. 이는 단순히 관리비 절감에만 매달리지 않고 커뮤니티 활성화와 같은 좋은 환경 만들기를 위해 노력한 결과였다. 〈최우수 살기 좋은 아파트〉로 선정된 것은 과거에 악명 높았던 아파트의 이미지를 바꾸는 데 큰 몫을 했다. 불과 1~2년 전만 해도 우리 아파트는 '살기 싫은 아파트'로 악명 높았다. 아파트 정보를 일선에서 제공하고 있는 부동산에서 노골적으로 우리 아파트를 폄하했으니 말은 다한 셈이다.

하지만 국가에서 인증한 〈최우수 아파트〉로 선정되면서 관리비 폭탄이라든가 깡통 아파트라든가 하는 오명에서 벗어날 수 있게 되었다. 나아가 단순히 관리비 문제를 떠나서 아파트 분위기도 화기애애 해졌고, 외부에서 보는 시각도 많이 달라졌다.

하지만 이런 눈에 보이는 몇 가지 항목만으로 살기 좋은 아파트라 고 단정 지을 수 있을까? 살기 좋은 아파트란, 시설이나 관리비 이전 에 개개인이 만족하는 삶의 공간이 되어야 한다. 'House'만 좋아서 는 안 되고, 'Home'도 좋아야 한다는 말이다. 사람은 타인과 부대끼 는 가운데 행복과 괴로움을 느끼며 살아가는 존재다. 특히나 아파트 라는 주거공간의 특성상 개개인이 한곳에 밀집해서 살기 때문에 사 람 사이의 관계는 그 어느 곳보다 중요해진다.

나는 개인적으로 살기 좋은 아파트란 사람끼리 상처나 괴로움 대신 즐거움을 나눌 수 있는 화학적 작용의 공간이 되어야 한다고 믿는다. 그런 공간이 되기 위해서는 관리비 절감이나 커뮤니티 시설과 같은 베이스가 일단 잘 이루어져야 하고, 그 위에 서로에 대한 신뢰를 만들 수 있어야 한다.

그런 점에서는 우리 아파트는 매우 불리한 상황이었다. 입주 후 수 년간 갈등과 마찰을 경험한 사람들이 손바닥 뒤집듯 이웃에 대한 신 뢰를 갖기란 쉽지 않은 일이었다. 그만큼 당시의 충돌은 사람들의 기 억에 깊은 생채기를 남겼고, 상처가 아무는 데는 긴 시일이 걸렸다.

헤겔의 변증법에 정반합 이론이 있다. 정(these)이 있으면 이에 반하 는 반(antithese)이 있다. 이 두 가지가 모순을 극복하고 합(synthese) 을 이루면 다시 정이 된다. 이처럼 정-반-합이 반복되면서 발전을 이 룩한다는 이론이 정반합 이론이다. 우리 아파트도 양극단으로 갈라져

'너 죽고 나 죽자'는 심정으로 정과 반이 싸우다가 지금은 합을 이루기 위해 나아가는 과정에 있다고 생각한다. 아직 상처는 완전히 치유되지 않았고, 앞으로도 발전적인 정반합의 과정을 수차례 더 거쳐야 하겠지만 그 사이 서로에 대한 신뢰가 공고해질 것이며, 그때 비로소 사람과 사람이 만나서 행복이라는 화합물을 만들어내는 행복한 아파트로 거듭나게 될 것이다.

4장

사람다운 아파트를
만들기 위하여

"우리는 고양이도 쥐도 아닙니다"

여러분의 아파트는 안녕하십니까?

-7가지 조언

❶ 첫 단추를 잘 끼우자

아파트 분양 직후, 분양받은 사람들끼리 모임을 만들게 된다. 〈입주 예정자카페〉라는 모임이 만들어지고, 대표를 뽑고, 시공사와 여러 가지 협의를 거친다. 사실 이 시점이 매우 중요하다. 만일 발전적 방향으로 설계를 잘하면 많은 일들이 이 시기에 술술 잘 풀린다. 누에로부터 처음 실을 뽑을 때가 중요하다는 말이다. 한번 꼬인 실은 나중에 풀기가 여간 고역이 아니다.

이 시기에 생길 수 있는 문제는 대략 다음과 같다.

● 꾼이 동대표가 된다 : 이 시기에 소위 꾼이라는 사람들이 있다. 그들은 동호회 대표가 된 후 시공사와 모종의 거래를 맺으며 불법적인 이익을 취한다.

- 자기도 모르게 시공사에 이용당한다 : 처음부터 그럴 뜻은 없었는데 시공사에 비싼 술대접을 받으면서 자기도 모르는 사이에 이용당하는 동호회 대표들이 있다.
- 서로를 못 믿는다 : 옆 사람이 '꾼'일지도 모른다는 생각 때문에 서로 의심하는 일이 벌어진다.

사실 마지막 항목이 가장 큰 문제다. 아파트를 위해 머리를 맞대야 할 사람들이 서로 의심하느라 분열 상태에 이른다. 분열이 나쁜 이유는, 그게 시공사에게 빌미를 제공하기 때문이다. 시공사는 주민들이 분열한다는 사실을 적극 활용, 자기들 임의적으로 일을 편하게 진행하려고 한다. 그래서 동호회 대표가 된 사람은 일체의 이권이나 편의를 배제해야 되고, 무엇보다 주민들은 서로 신뢰를 가져야 한다.

초기 잘못은 이후 엄청난 수업료를 치르게 만든다. 만일 우리 아파트가 처음부터 프로젝트 창이 아니라 턴앤틸트 창으로 환기창을 달았다면 어땠을까? 초기 비용은 높아졌겠지만 최소한 비용이 이중으로 나가는 일은 막았을 것이다. 처음에는 그럴듯한 시설이 좋아 보인다. 하지만 현실에서는 불필요하고 오히려 유지관리만 더 힘들게 만드는 시설도 있다. 처음 분양할 때 유케어 시스템이라고 대대적으로 선전한 시설이 있었다. 각 세대에 체지방 체중계, 혈압계, 당뇨 측정기를 지급하고 인터넷을 통하여 자료를 축적하고 병원까지 연결되는 시스템이었다. 상당히 진보한 시스템이었고, 좋다는 사람도 많았다. 그러나 그걸로 끝이었다. 가가호호 방문해 보면 혈압계나 당뇨 측정기는 창고에 처박아 두고 있었다. 수치만 측정하면 뭐 하겠는가, 이를 체크해줄 만한 병원 인프라가 갖춰져 있지 않으니 아무짝에도 쓸모가 없었다. 만일 이 시스템에 투자된 엄청난 돈을 차라리 스포츠 센터에 투자했다면 얼마나 좋았을까? 그 외에도 감시 시스템인 이노워치 역시 5억이라는 막대한 돈을 투자했지만 편리를 누리기보다는 엄청난 유지비 때문에 계륵 신세를 면치 못했다.

초기에 못하면 아파트가 허물어질 때까지 못 바꾸는 일도 있다. 특히 공간을 차지하는 일들은 용도 변경을 해야 하는데 아파트 내 용도 변경은 사실상 거의 불가능하다(용도를 변경하면 세대당 공용면적이 변하고, 세대당 신고 면적이 달라지기 때문에 법적으로 매우 어렵다.). 이런 저런 이유로 첫 단추를 잘못 끼우면 일은 갑절 어려워진다. 첫 단추의 중요성은 아무리 강조해도 모자라지 않다.

❷ 관심을 가지고 많이 공부하자

대부분의 주민들은 아파트 일에 관심이 없다. 수억 원의 재산과 매달 수십만 원의 관리비를 내면서도 자신의 재산과 돈이 어디에 어떻게 쓰이는지 도통 관심이 없다. 신경 쓰는 게 귀찮아서일 수도 있겠고 내가 신경 안 써도 알아서 잘 되겠지 하는 마음이어서 그럴 수도 있다. 하지만 사후약방문이라고 나중은 없다고 생각하고 평소에 관심을 가져야 한다. 다행히 우리 아파트의 경우 관심도가 그래도 높은 편이라 일부 사람들이 동대표를 감시하고 관여하면서 아파트 업무를 보완해주는 역할을 했다. 아무도 아파트 일에 관심을 기울이지 않으면 몇몇 단체나 소수의 사람들이 자신의 이익을 위해 관리비를 쓰게 되고, 그 사이 아파트 가치는 조금씩 조금씩 떨어진다. 그리고 이왕 관심을 가질 바에는 공부도 함께하면 좋다.

❸ 아파트란, 서로 다른 사람들이 살아가는 공간임을 명심하자

사람의 마음은 참으로 묘하다. 처음에는 공동의 삶을 위한 순수한 마음으로 아파트 일에 관여하다가도 감정적으로 틀어지면 공연한 고집을 부리게 된다. 자신이 옳다고 믿는 것이 생기고, 나아가 생각이 다른 사람과 싸우게 되고, 그 안에서 감정적 골이 파이고, 그러다가 자존심을 건 싸움을 벌인다. 아파트 일에 조금이나마 도움이 되고자 했던 처음의 마음은 사라지고, 자신의 행동이 오히려 아파트를 망가뜨린다는 사실도 모른 채 이전투구의 장을 펼치는 것이다.

필자도 아파트 일을 하면서 갈등도 많이 겪고, 공격도 많이 받았다. 말이 안 되는 거짓말을 늘어놓는 사람들을 보면 솔직히 화가 날 때도 있었다. 물론 대부분은 화를 내보았자 아파트 발전에 하등 도움이 안 된다고 생각하고 꾹 참았다. 하지만 일부러 상대의 화를 북돋으며 싸움을 키운 적도 있었다. 주민들의 관심을 이끌어내는 데 이만한 일이 또 없었기 때문이다.

공격당하고 비난받는 일은 달갑지 않았지만 이슈가 생길 때마다 '역시 구경은 싸움구경'이라고 많은 주민들이 관심을 가졌다. 우리는 주민들이 관심을 가질 때 힘을 얻을 수 있었다. 관련 업체를 설득하고 압박하는 데 주민들의 관심이 큰 도움이 되었기 때문이다. 한편 이런 싸움 끝에는 꼭 한 명씩 나의 편을 들어주고 힘을 실어주는 주민도 생겼다. 꾹 참고 넘어갔더라면 나를 지지해주는 이런 조용한 주민들이 있다는 사실을 몰랐을지 모른다. 물론 사람들의 말도 안 되는 비난 중에는 간혹 일리가 있는 비판도 있었다. 나는 그때마다 잘 기억해 두었다가 이를 활용하여 상대 회사를 압박하는 데 활용했다.

이 일을 하면서 크게 배운 것 한 가지는 사람은 천차만별이라는 점이다. 얌전한 사람, 과격한 사람, 순수한 사람, 사리사욕을 채우는 사람 등 사람들은 각각의 생각에 따라 살아간다. 그러나 공동 주택의 특성상 누가 마음에 들지 않는다고 내보내거나 권리를 박탈할 수는 없다. 그냥 있는 그대로 인정하고 함께 살아가는 것이 공동생활이다. 옳든 그르든 자신의 빛깔을 보여주며 조화를 이룰 수 있는 방법을 찾는 게 중요하다.

'사람은 아는 만큼 느낀다'고 하고 '사람은 자신이 믿고 싶은 현실만 본다'고 한다. 논쟁을 통해서 남의 생각을 바꾸려는 것은 지나친 자만심이다. 상대의 색이 마음에 들지 않는다고 그 위에 자신의 색을 덧입히려는 사람들이 있다. 그러나 그 결과물은 우리가 원하던 것이 아니다. 나의 색깔로 바뀌는 것이 아니라 탁한 색으로 변모하고 만다.

쇠라가 시도한 점묘법이라는 미술기법이 있다. 각기 다른 작은 점으로 여러 색과 질감을 표현하는 신인상주의 기법이다. 이것은 단순히 미술기법이 아니라 각기 다른 색깔을 인정하면서 그것들의 조화로 새로운 색을 만들어내는 철학이자 현대 인쇄기술의 모태이다. 나와 다른 색깔이 눈에 거슬리는가. 그렇다면 그 위가 아니라 그 옆에 살짝 자신의 빛깔을 칠하라. 그리고 다른 사람들이 어떤 빛깔로 옆을 채워가는지 지켜보자. 그 안에 틀린 빛깔은 없다. 그들의 조화가 빛어내는 새로운 빛깔만 있을 뿐이다.

병원에서 진료를 하는 동안 시각 장애가 있는 분을 만난 적이 있다. 그분이 오면 장애 때문에 진료에 불편한 점도 있다. 하지만 이 분을 진료할 때는 마음이 편안해진다. 말로 설명하기는 어렵지만 항상 밝은 빛이 나의 마음속을 비추는 느낌이다. 나중에 알고 보니 몸이 불편한데도 봉사활동을 많이 하는 분이었다. 반면 어떤 분은 사람의 마음을 불편하게 만든다. 표정과 몸짓, 말투에 짜증이 가득 차 있어서 한 자리에 앉아 있는 것 자체가 마음이 무겁고 조심스럽다. 평범한 말 한 마디에도 꼬투리를 잡으며, 화를 내면 대책이 없다. 이런 분이 한번 다녀가면 하루 종일 기분이 축 처진다.

두 분을 보면서 정말 우리에게 장애가 무엇일까 생각해 본다. 몸의 불편함도 장애지만 마음이 불편한 것도 장애다. 그 사람이라고 화를 내는 게 재미있어서 화를 낸 것은 아닐 것이다. 요 며칠 사이 많은 일들이 그분 마음에 지속적으로 상처를 남겨 그게 지금 불편한 마음으로 내 눈앞에 나타났을지 모른다.

종종 주민들 중에는 이런 말을 하는 분들이 있다.

"한 마리의 미꾸라지가 개울 전체를 흐린다."

한 사람의 이상한 행동이 아파트 전체 주민에게 해를 불러온다며 '그 사람만 없으면 좋겠다'고 한다. 그럴 때 나는 위의 이야기를 들려드린다. 그 사람도 화내고 싶어 그런 게 아니라 마음이 불편해서 그런 것이라고 말이다. 몸에 장애가 있는 사람뿐 아니라 마음에 장애가 있는 사람들도 배려하고 살아야 한다.

❹ 일하는 사람을 공격하지 마라

발전적인 비판과, 화풀이용 비난은 다르다. 합당한 근거 없이 동대표나 집행부 사람들을 비난해서는 곤란하다.

한번은 아파트 지하 주차장에 달린 방화문 때문에 대책을 세워야 할 일이 있었다. 아파트 내 다른 문은 모두 자동문인데 지하 주차장 방화문만은 손으로 밀거나 당겨서 열어야 한다. 방화문이란 게 화재 때문에 설치한 것이므로 재질도 두꺼운 철문으로 되어 있어서 꽤 무거웠다. 유모차를 몰고 다니거나 짐을 든 사람들에게는 열고 닫기가 무척 번거로웠다. 그렇다고 열어두고 다닐 수도 없었다. 현행 소방법상 불이 났을 때 방화문은 닫혀야 하기 때문이다. 만일 평소에 열어두고 있다가 행여 불이라도 나면 대피하는 와중에 누가 와서 이 문을 닫겠는가. 하지만 자동으로 화재를 감지, 스스로 문이 닫히는 장치를 달면 출입상의 불편함도 해소하고 화재 시에도 안심할 수 있을 것 같았다.

그런 회의 끝에 자동 개폐 장치를 달고 방화문을 열어두었다. 한결 다니기는 편해졌지만 생각지 못했던 한 가지 문제가 생겼다. 겨울철 연돌효과였다. 연돌효과는 앞서 여러 차례 설명했듯이 고층건물 내부 계단이나 엘리베이터 통로에 생기는 공기의 흐름을 말한다. 이를 예방하기 위해 밀폐형으로 건물을 짓는데, 방화문을 열어두면서 다시금 연돌효과가 발생하기 시작한 것이다. 물론 지하에는 방화문 외에도 자동문 2개가 있어서 공기의 흐름을 차단할 수 있다. 그러나 사람이 지나갈 때가 문제였다. 자동문 2개가 하필 2미터 간격으로 붙어 있어서 사람이 지나갈 때면 동시에 열리며 바깥의 찬바람이 큰 파도처럼 밀고 들어왔던 것이다. 우리가 찾은 해결책은, 자동문 하나를 더 달아서 2개의 자동문과 번갈아 열리고 닫히도록 조정하는 것이었다. 우리는 시공사에 연돌효과를 문제 삼아 방풍용 자동문을 달게 되었다.

이렇게 모든 문제가 잘 해결되었다고 믿고 있을 때였다. 주민 가운데 한 명이 새로 설치한 방풍용 자동문을 문제 삼았다. 그가 퍼뜨리는 주장은 이랬다.

'지하 주차장에 자동문을 설치하면서 전기료가 올랐다.'

'불이 나면 이 자동문 때문에 문제가 된다.'

이미 아파트 내부에 자동문이 40개가 넘게 작동하고 있었다. 1개 추가한 것으로는 관리비가 부담될 만큼 크게 상승하지 않는다. 주차장을 자유롭게 드나드는 편의를 얻은 것에 비하면 작은 비용이었다. 또한 자동문 설치와 화재는 아무런 관계가 없었다(문제의 소지가 있었다면 시공사에서 그 이유를 들어 설치를 거부했을 것이다. 시공사가 우리 말을 순순히 들어주는 곳이 아니지 않은가.).

아무리 곱씹어보고 따져보아도 이치에 맞지 않는 주장이었다. 그 사람이 사방팔방 다니면서 계속 이상한 소문을 퍼뜨리는 바람에 한동안 애를 먹은 기억이 있다.

이 이야기는 하나의 사례에 불과하다. 우리가 무슨 일을 할 때마다 사사건건 시비를 걸고 꼬투리를 잡으며 말도 안 되는 거짓말을 퍼뜨리는 경우가 잦았다. 그럴 때마다 맥이 풀리고 힘이 빠졌다.

물론 이런 말도 안 되는 꼬투리 잡기가 아주 이해 안 되는 것은 아니다. 아파트 관리와 관련, 오래 전부터 쌓여온 불만이 이런 감정적 대응을 하도록 만든 것이다. 문제를 일으켰던 사람들은 더 이상 찾을 길이 없으니 지금 일하고 있는 사람들에게 불만의 화살을 돌린다. 과거 집행부의 잘못까지 현행 집행부가 떠안아야 하는 경우가 종종 벌어지는 것이다. 그러나 이 사실을 잊지 말아야 한다. 과거의 앙금을 지금 사람들에게 풀게 되면 과연 어느 누가 집행부 역할을 떠맡으려고 하겠는가. 과거 일에 아무 책임 없는 사람들을 싸잡아 비판하는 것은 아무에게도 도움이 되지 않는다. 만일 비판을 하고 싶다면 토론이나 대화의 창구를 활용하는 게 좋다. 어쩌면 지금 아파트가 처해 있는 많은 문제들은 토론과 대화 문화의 부재가 한몫을 하는지 모른다.

❺ '50보 100보' 식의 비판을 삼가자

필자가 가장 싫어하는 말이 '50보 100보'다. 남의 물건을 몰래 훔친 사람을 50보라고 하면 남을 위협하여 물건을 빼앗은 사람은 100보가 된다. 그런데 이를 '50보 100보'라고 하게 되면 도둑이나 강도나 둘 다 잘한 것 없다는 식으로 싸잡아 욕하는 꼴이 된다. 동대표를 하다 보면 많이 접하는 비난 중에 하나가 '50보 100보'라는 말이기도 하다. 개인적으로 나는 이 말이 동대표 활동이나 아파트 운영과 관련하여 매우 위험한 발언이라고 생각한다. 이 말은 기준이라는 것 자체를 모호하게 만든다.

50보 100보라는 말은 매우 전염성이 강하다. 한번 이 말이 입 밖으로 나오면 사람들은 곧 그 말을 받아들여 함께 쓰는 경향을 보인다. 그런데 문제는 그 말 때문에 '기준'이 사라진다는 점이다. 기준이 사라지면 잘잘못을 어떻게 판단할 것인가?

기준이 사라지면 다음에는 '똥 묻은 개가 겨 묻은 개를 나무란다.'가 벌어지게 된다. 강도짓을 한 놈이 자기 잘못을 희석시키려는 의도로 '똥 묻은 개' 얘기를 꺼낸다. 강도짓보다는 도둑질이 아무래도 죄질이 더 나쁘니까 함께 묶이면 비난을 덜 받을 것으로 여기는 것이다. 그래서 '똥 묻은 개' 이야기가 판을 치게 된다.

그렇게 50보와 100보가 동일시되면 200보, 300보도 똑같은 취급을 받게 되고 이제는 살인자까지도 도둑과 똑같이 묶이게 된다. 질서가 무너지기는 순식간이다. 그래서 기준이 중요하다. 50보면 50보, 100보면 100보로 정당하게 평가해야 한다. 그런 뒤에 먼저 큰 잘못인 100보를 다스리고, 그 다음에 작은 잘못인 50보를 다스려야 한다. 그렇게 큰 것부터 차례대로 처리하여 25보, 10보만 남도록 해야 한다.

내가 '50보 100보'를 싫어하는 가장 큰 이유는 별 생각 없이 비판을 하는 사람들이 이 말을 입에 달고 살기 때문이다. 비판하는 사람에는 두 종류가 있다. 문제에 대해서 많이 고민하고 의견을 피력하면서 비판하는 사람이 한 부류요, 고민 없이 즉흥적으로 비판하면서 스트레스를 푸는 사람이 또 한 부류다. 비판을 위한 비판을 하는 사람들은 고민도 하지 않으면서 양쪽을 싸잡아 '50보 100보'로 쉽게 비판한다. 동시에 본인은 책임을 피하려고 한다. 민주주의는 N분의 1, 즉 구성원 누구에게나 똑같은 권리를 부여하는 것을 토대로 삼는다. 개개인이 책임감을 느끼고 성실히 임하지 않으면 주어진 권리는 오용되며 발전적 토론과 합의에 의한 운영이라는 큰 틀은 위기를 맞는다.

❻ '고객은 왕이다'라는 의식을 버려야 한다

"고객은 무조건 옳다."

마케팅 격언이다. 표현만 다를 뿐 '고객이 왕이다.'라는 말과 같은 맥락이다. 이 논리에 따르면 돈을 가진 자가 하는 말은 무조건 옳고, 돈이 없는 자가 하는 말은 무조건 틀리다. 돈을 가진 자는 무조건 왕이고, 돈이 없는 자는 무조건 노예다. 천박한 자본주의의 일면이다.

그런데 아파트에 살다 보면 이런 인식을 가진 입주자들도 만나기 마련이다.

이런 일이 있었다. 어떤 사람이 주차 단속이 되지 않는다고 불평을 터뜨렸다. 보안요원이 주차단속 스티커를 붙였다. 그러자 차 주인인 주민이 '감히 니가 뭔데 내 차에 손을 대느냐'며 욕을 하고 손찌검을 했다. 이런 상황은 보안요원뿐 아니라 동대표에게도 똑같이 적용된다. 여름철 전기 절감을 위해서 각동 로비 에어컨을 시간대별로 가동한 적이 있었는데 한쪽에서는 '전기료 많이 나온다, 당장 꺼라'고 욕을 하고, 다른 쪽에서는 '조금 튼다'고 막말을 한다. 모두가 자신이 왕이라고 생각하기 때문에 상대를 배려하지 않고 행동한다. 그리고 기 어이 싸움과 다툼으로 이어진다. 공동생활에 왕은 없다. 똑같이 주인이므로 서로를 배려해야 한다.

❼ 현실성 있는 올바른 지도자상을 가져야 한다

올바른 리더를 뽑으려면 주민에게도 올바른 판단력과 눈이 필요하다. 아파트에서 일어난 일을 보면 정치와 다를 게 없다. 정치에서도 우리는 올바른 지도자상을 원하고 끊임없이 지도자에게 그 길을 걷기를 요구한다. 이때 현실성 있는 올바른 지도자상이 없으면 배가 산으로 갈 위험이 있다.

리더는 전지전능한 사람이 아니다. 잘하는 게 있으면 못하는 것도 있기 마련이다. 비리와 잘못을 저지르면 비판을 받아야 하지만, 리더로서의 역할과 무관한 일까지 꼬투리 잡아서 매도한다면 세상 천지에 리더 될 사람이 누가 있겠는가.

동양과 서양이 정치를 바라보는 시각은 완전히 다르다. 동양은 유교 사상에 근거하여 인의(仁義)를 중요시하는 데 반해 서양은 마키아벨리즘으로 대변되는 힘과 실리의 정치를 지향한다.

그래서 우리나라 사람은 정치인에게 많은 것을 기대하게 된다. 단순히 기능적이고 실리적인 정치인을 넘어 희생과 사랑이 넘치는 정치인을 원한다. 군사부일체라고 지도자에게 부모의 희생적인 사랑을 요구한다.

문제는 현실이 그렇지 않다는 데 있다. 대부분의 정치인은 정치인일 뿐 훌륭한 성직자가 아니다. 물론 간디나 김구 같이 자신을 희생하는 훌륭한 정치인도 있지만 이것을 보편적인 리더상으로 볼 수는 없다. 사실 유교가 강조하는 군주의 자질은 춘추전국시대라는 약육강식의 시대에 탄생한 이상적 사상이지 현실과는 괴리가 있다.

반면 서양의 정치사상인 마키아벨리즘은, 사상가 마키아벨리가 이탈리아 정치인인 체사레 보르자를 모델로 하여 만든 〈군주론〉의 사상을 말한다. 체사레 보르자는 〈로마인 이야기〉로 유명한 시오노 나나미의 또 다른 저작물인 〈우아한 냉혹〉에도 등장하는 인물로, 목적을 이루기 위해서는 수단과 방법을 가리지 않는 것으로 잘 알려져 있다. 마키아벨리는 지도자의 가장 큰 죄악은 도덕적, 종교적 결함이 아니라 '무능'이라고 주장한다. 무능한 지도자 아래서는 모든 국민이 불행해진다고 믿기 때문이다.

당시 이탈리아는 여러 나라로 나뉜 채 끊임없이 전쟁을 벌이고 있었다. 약자는 바람 앞의 등불과 같아서 언제 어떻게 강자의 먹잇감이 될지 알 수 없는 시절이었다. 지도자가 강대국의 위협으로부터 나라를 지킬 수 있는 능력이 없으면 국민들은 처참한 불행의 상태에 빠진다. 반면 지도자가 수단과 방법을 가리지 않고 목적을 이룰 만큼 능력이 있을 때 최소한 국민은 전쟁의 희생양으로 전락하지 않게 된다. 즉 국민에게 가장 필요한 지도자는 국민을 사랑하는 도덕적인 무능력자가 아니라 국력을 증대시켜 외침을 막아낼 수 있는 군사적, 정치적 능력자여야 한다는 것이 마키아벨리의 정치철학이었다.

유교의 정치사상이나 마키아벨리즘은 불안정한 정국이라는 동일한 환경에서 탄생했지만 전혀 다른 관점에서 정치를 바라보게 만든다. 이렇게 상반된 두 이론이 있다는 것은 한쪽만 옳은 것이 아닌 서로 보완해야 할 점이 있다는 뜻이리라. 다만 우리나라 국민들은 지나치게 유교적 가치관에 기울어져 있어서 지도자에게 능력 이전에 도덕성을 요구한다.

지난 대선에서 어떤 후보가 손이 아파서 악수를 못하는 것이 논란을 일으켰던 적이 있다. 또 어느 기업가 출신 후보는 자식을 유학 보내는 것이 문제가 되었으며, 또 다른 후보는 사진 속 의자가 문제가 되었다. 지도자가 되려면 아파도 내색해서는 안 되고, 자식 교육도 마음대로 시켜서는 안 되고, 개인 취향도 없어야 하는 걸까? 이런 것을 꼬투리 잡고 있는 것이 능력 있는 지도자를 뽑는 데 얼마나 큰 도움이 될까?

정치는 딱 그 나라의 국민수준이라는 말이 있다. 우리가 정치인들의 수준을 이야기하고 욕하기 전에 우리의 수준은 어땠는지 먼저 돌아보아야 할 것 같다. 정치를 빗대서 이야기를 했지만 아파트 리더를 뽑을 때도 하나도 다르지 않다는 게 내 생각이다.

금전적 대가도 명예도 없는 자리, 동대표에 대하여

2기 입대의 출범 이후 지지부진하던 아파트 하자 문제가 해결되고 관리비도 낮아졌으며, 주민 간 다툼도 사라졌다. 입대의를 의심하는 시선도 일소되고 폭탄 관리비에 대한 공포도 종적을 감췄다. 원하는 결과물을 손에 넣었다.

그렇다면 동대표로서는 당연히 어떤 보상을 바라게 된다. 금전적 보상을 말하는 게 아니다. 그동안의 노고에 대한 대대적인 칭찬을 말하는 것도 아니다. 최소한의 만족감 표시나 그도 아니면 아파트 발전을 위한 지속적인 관심을 보여주면 그것으로 족하다.

그러나 대다수 주민들은 무관심으로 돌아간다. 1기 시절, 게시판에 올라온 글이 1년에 1,200개가 넘었다. 그러나 2기 때는 1년 사이 불과 200여 개의 게시글만 올라왔을 뿐이다. 특히 마지막 6개월 사이에는 30개 정도로 줄어들었다. 글이 적어지니 당연히 사이트 방문자도 줄었다. 싸움구경이 최고의 구경이라고 했는데 싸움이 없으니 관심이 꺾인 것이다. 2기 입대의는 처음부터 개인적인 친분이 있는 사람들에게 지지를 받았던 게 아니라 인터넷 게시판에 글을 올리면서 지지를 받았기 때문에 방문자 감소는 곧 지지자 품귀 현상으로 이어지게 되었다. 알아주는 사람이 없다는 것이 너무 당연한 일 같지만 일하는 사람들은 약간일망정 허무감에 빠지기도 한다.

우리의 지지자들은 다시 일상으로 돌아간 반면, 우리를 적으로 여기는 사람들은 여전히 우리 주위를 맴돌고 있었다. 아파트 관리비가 낮아지면서 주민들이 이익을 보았다면 반대로 그 이익을 자기 것이라고 생각했는데 갖지 못했다고 생각하는 사람들도 있을 것이다. 폭리를 취하던 이전 관리회사가 그렇고, 그들과 함께 기득권을 누렸던 사람들과 자치단체들이 그랬다. 이 분들이 우리에게 적대감을 갖고 있었다. 아마도 우리를 우리끼리 해먹는 사람으로 보았을 수도 있고, 겉으로는 고결한 척 하면서 뒤로 호박씨를 까는 사람으로 생각했을 수도 있다.

한번은 이런 일이 있었다. 어느 자치단체에서 여행을 간다고 관리회사 센터장에게 돈을 요구한 모양이다. 센터장으로서는 자치단체를 무시할 수가 없었는지 자비로 십만 원을 드렸다. 그런데 자치단체 회장님이 돈을 들고 와서 난리를 쳤다.

"이전 관리회사에서는 백만 원을 줬는데 지금 장난해!"

사실은 요구해서도 안 되고, 받아서도 안 될 돈이다. 그런데 받는 것을 당연하게 여기고, 나아가 액수까지 들먹이며 성의를 보이라고 요구하는 것은 분명 정상적인 상황은 아니다.

자치단체는 입대의 일을 할 때 가장 대하기 힘든 상대였다. 이 분들하고 충돌해봤자 아파트에 좋은 일이 생길 것 같지 않아서 될 수 있으면 얼굴을 마주치지 않으려고 노력했다. 이 분들은 특권의식이 강했고 특별대우를 받지 못한 것에 대한 분노가 컸다.

한번은 어느 주민이 흥분한 목소리로 전화를 걸어왔다.

"자치단체 회장이 대체 뭐하는 사람입니까?"

무슨 일이냐고 물었다. 차를 몰다가 지하 주차장에서 접촉 사고가 난 모양이다. 이 사람은 상대차가 자신의 앞바퀴를 들이받았으니 당연히 상대 과실로 여겼다. 그런데 상대가 나는 자치단체 회장이라며 화를 냈다고 한다. 그러면서 하는 말이 쌍방 과실이니 각자 알아서 수리하자고 하고는 가버렸단다. 난데없이 봉변을 당한 그 사람은 상대가 강하게 나오자 공연히 시비가 붙으면 아파트 생활이 힘들어질 것 같다고 생각하고 그냥 보냈는데, 보내고 나니 뭔가 이상하다고 생각하여 내게 전화를 건 것이다.

노골적으로 괴롭히는 자치단체 사람도 있었다. 한번은 진료를 보는데 전화가 왔다. 자치단체 사람이었다. 그는 내가 도저히 들어줄 수 없는 부탁을 했다. 이미 의결이 끝난 안건을 뒤집어달라는 요청이었다. 그건 불가능하다고 말했더니 좋은 게 좋은 거니 바꿔 달라고 요구해 왔다. 거절했더니 화를 내고 욕을 했다. 진료 대기 중인 환자가 있어 끊자고 했지만 상대는 계속 화를 냈다. 일방적으로 끊었다. 계속해서 전화벨이 울렸다. 환자를 보는 내내 마음을 진정시킬 수 없었다. 이런 일을 겪을 때마다 스트레스가 컸다.

자치단체의 괴롭힘은 계속되었다. 회의 때마다 들어와서 심한 말을 뱉어놓고 회의 진행을 방해했다. 동대표들 중에는 더 이상 못 견디겠다며 사퇴하는 사람도 있었다. 나 역시 스트레스를 견디지 못하고 사퇴를 결심했다. 인터넷 게시판에 사정을 설명하고 사퇴 의사를 밝혔다. 다음날 일면식도 없는 주민에게서 전화와 문자를 받았다. '힘들 때 도움이 못 돼서 미안하다. 그래도 조금만 참고 견디어 달라.'는 내용이었다. 그러면 또 마음을 다잡게 되곤 했다.

동대표를 하면서 항상 스스로에게 묻는 말이 있었다.

'나는 왜 동대표를 할까? 스트레스가 엄청난데 왜 그만두지 못할까? 아파트 가치를 높여야 나 자신부터 금전적 이익을 얻을 수 있기 때문에? 아파트에 대한 열정을 내 사업에 쏟아 부었다면 훨씬 더 많은 금전적 이익을 얻을 수 있었을 텐데? 아니면 칭찬받고 싶어서? 보람된 일이기 때문에?'

힘들고 지칠 때마다 회의가 들었다. 이 시간에 의료 봉사를 했으면 훨씬 보람된 일이 아닐까, 그런 생각도 들었다.

동대표란 외로운 일이다. 일은 혼자서 다 하면서 욕은 욕대로 먹는다. 그런 자리라는 것을 알고 일을 하지 않으면 안 된다. 일 자체에서 만족감을 느껴야지 누군가의 인정이나 칭찬을 기대해서는 안 된다. 어느 기자가 등산가 힐러리 경에게 왜 산을 오르는지 물은 적이 있다고 한다. 힐러리 경의 우문현답, '산이 거기 있기 때문에.' 마찬가지다. 일이 거기 있기 때문에 하는 것이지, 일을 통해 무언가를 얻으려고 해서는 안 된다.

　만일 동대표를 하게 된다면 보상에 대한 마음은 접어야 한다. 마라토너들은 결승점 통과가 아니라 달리기 자체에 큰 즐거움을 느낀다고 한다. 나도 그랬다. 그냥 거기에 할 일이 있다. 일을 하고 있는 순간 존재감을 느끼면 그것으로 충분하다. 주민들은 더 이상 편 먹고 싸우지 않으며, 다른 아파트 사람들에게 일반 아파트와 관리비 차이가 별로 없다고 자랑 아닌 자랑을 할 수 있고, 집이 스트레스가 아니라 휴식처가 되었다고 말할 수 있으면 그것으로 족하다. 그걸로 된 거다.

그래도 동대표를
하려고 한다면

혹시 동대표를 맡게 된다면 다음 사항들을 주의하기 바란다.

첫째, 믿음을 주어야 한다.

아파트 비리가 성행한다. 주민들도 잘 알고 있다. 그래서 동대표들을 의심의 눈초리로 보는 경향이 있다. 이 의혹을 신뢰로 돌려놓지 못하면 나중에 문제가 생겼을 때 싸움과 분란을 일으킨다. 그래서 주민들에게 믿음을 주는 게 중요하다. 세상이 다 변한다고 해도 저 사람만큼은 그럴 일이 없다는 확신을 심어주어야 한다. 비리에서 자유로운 동대표는 그만큼 신뢰를 얻어 일을 하는 데 힘을 받을 수 있다.

이를 위해서는 순수한 의도로 일을 시작해야 하며 자신의 의도를 충분히 밝혀야 한다.

관리업체, 자치단체, 아파트 관련 업체들과 거리를 두어야 한다. 커피 한 잔도 얻어먹으면 안 된다.

또한 공개된 장소에서 주민과 항상 대화를 하도록 한다. 반상회 같은 불특정 다수가 참여하는 회의 장소도 좋고 홈페이지 같은 인터넷 공간도 좋다. 특히 인터넷 게시판을 통해 주민과 대화 나누기를 권장한다. 그게 동대표 개인에게 득이 되는 경우가 많다. 즉 똑같은 민원으로 문의해오는 주민들이 있기 마련이고, 그때마다 답변을 할 필요가 없다는 점도 좋다. 또한 관련 일이 어떻게 진행되는지 전체 과정을 한눈에 볼 수 있다는 장점도 있다.

둘째, 많이 알아야 한다.

지식이 뒷받침되지 못하면 판단하기 어려운 사안이 많다. 또한 남들보다 많이 아는 모습을 보여주어야 관리업체나 업자들에게 휘둘리지 않을 수 있으며, 주민들에게 나아갈 방향을 제시하고 믿음을 얻을 수 있다. '아는 만큼 보인다'라는 말이 있다. 작은 지식은 남들에게 이용당하기 쉽다. 열심히 공부해야 한다.

셋째, 투명하게 운영해야 한다.

일 처리 과정이 투명하면 의심이 줄어들고 지지를 얻을 수 있다. 다만 투명한 운영은 실행이 쉽지 않다. 두 가지가 선행되어야 하기 때문이다. 첫째로 항상 대화할 수 있는 자세를 가져야 한다. 왜 이게 어려운가 하면 대화를 하다보면 비판을 많이 듣기 때문이다. 비판을 받아들이면서 대화를 유지하는 건 생각보다 어렵다. 둘째로 자기가 옳다는 생각을 버려야 한다. 동대표를 하다보면 많은 정보를 취하게 되고 공부도 많이 하게 된다. 그래서 정보가 부족한 일반 주민들보다 자신이 우월하다고 여기게 된다. 많이 아니까 자기 판단이 옳다고 여긴다. 그렇게 해서 일을 진행하게 되면 어리석은 주민들이 나의 옳은 생각을 이해해주지 못하고 비판만 한다고 여기게 되고, 옳은 일을 추진하기 위해서는 어리석은 주민에게 일일이 고하느니 차라리 그냥 혼자 하고 말지, 하고 생각하게 된다. 투명성을 가지기 위해서는 비판을 받아들이는 마음과 자기가 원하는 방향으로 이끌려는 욕심을 버리고 꾸준한 설득과 대화가 필요하다.

넷째, 중용의 미덕이 있어야 한다.

아파트에 문제가 발생하고 불만이 쌓이면 과격하고 선동적인 사람이 지지를 받게 된다. 그들의 주장대로 하면 일이 쉽게 해결될 것처럼 보이기 때문이다. 하지만 현실은 녹록하지 않다. 더욱이 과격한 주장은 주민 분열의 원인이 되기도 한다. 감정적 대응, 큰 목소리, 과격한 행동이 아파트 문제 해결에 아무런 도움이 안 된다는 사실을 깨닫는 데는 많은 시간이 필요치 않다. 과격한 사람들이 지지를 받을 때 이성적으로 행동하면 공격을 받을 수 있다. 하지만 결국 사람들은 어떤 행동이 합리적이고 효율적인지 깨닫게 되기 때문에, 분위기에 휩쓸리지 말고 항상 중용을 가지고 행동해야 한다.

동대표
십계명

❶ 깨끗하고 또 깨끗하라

개인적인 욕심이 있으면 안 된다. 흔히, 조금 챙기더라도 일만 잘하면 된다고 말하는 사람도 있는데 세상일이 그렇지 않다. 작은 구멍 하나가 둑을 무너뜨린다. 공짜는 없다. 커피 한 잔이라도 얻어먹게 되면 나중에 수십 배의 대가를 지불하게 된다.

❷ 신뢰를 얻으라

주민의 신뢰를 얻고 지지를 받아야 일을 추진할 수 있다. 신뢰를 얻으려면 무엇보다 투명성이 있어야 한다. 깨끗하고 합리적으로 행동한다면 지지를 받을 수 있다. 나아가 많이 공부해야 한다. 모르면 믿고 맡길 수 없다.

❸ 자치단체를 가까이 하지 마라

동대표란 주민의 대표이지, 특정 자치단체의 대표가 아니다. 좋은 게 좋은 거라는 식으로 특정 단체에 특혜를 베풀면 그만큼 주민들에게 불이익이 돌아간다. 자치단체와 가깝게 지내게 되면 특정 단체의 세력을 키워주게 되어 그들로 하여금 선거를 지배하게 만들고 나아가 비리를 키우는 온상이 됨을 기억해야 된다.

❹ 관리회사와 적정 거리를 유지하라

관리회사는 주민들이 도움을 받기 위해 계약을 맺은 회사이지, 원수도 친구도 아니다. 어떤 사람들은 원수처럼 돌을 던지고, 어떤 사람들은 친구처럼 싸고돈다. 원수가 되면 일처리가 원활하지 않고 친구가 되면 주민들의 돈이 관리회사로 새어나간다.

❺ 서류를 100% 믿지 마라

관리회사에서 올라오는 서류가 많아 서명하는 기계로 전락할 수 있다. 중요한 사항은 직접 알아보고 판단을 내려야 한다. 서류만 보고 있으면 서류가 보여주는 제한된 정보 안에서 판단을 내려야 하기 때문에 오류가 생길 가능성이 높아진다.

❻ 업체와의 돈 문제는 물러서지 마라

관리회사나 담당 업체들은 동대표의 심리를 잘 알고 있다. 동대표는 관련 일에 있어서 전문가가 아니기 때문에 뭐가 뭔지 잘 모른다. 그 점을 십분 공략, 불안감을 느끼게 만든다. '초등학교 4학년 때 평생 성적이 좌우됩니다. 지금 안 하면 뒤처져요.' 그런 말을 들으면 마치 정말인 듯 느끼는 엄마들처럼 동대표 역시 심리적으로 흔들린다. 업체들은 이 순간을 놓치지 않고 유리한 방식으로 계약을 이끌어낸다. 게임이 끝난다. 가격에 관해서는 용감해야 한다. 모른다고 위축되지 말고 모르는 만큼 용감하게 굴어야 한다. 멍청한 질문도 마다하지 말자. 싸게 할 수 있는 방법을 찾는 게 관건이다.

❼ 귀를 항상 열어두라

대화는 주민과 소통할 수 있는 가장 중요한 수단이다. 비판을 두려워하지 마라. 주민들의 비판과 감시의 눈초리는 오히려 시공사나 관리회사를 압박할 수 있는 훌륭한 무기가 된다. 또한 비판을 무시하지 마라. 부족한 정보에 기댄 잘못된 비판도 때로는 훌륭한 결정을 내릴 수 있는 밑거름이 된다.

❽ 비판에 흔들리지 마라

합리적이거나 이성적인 비판도 있지만, 불순한 목적을 가지고 비판하는 사람들도 있다. 이 사람들 때문에 흥분하거나 마음에 자괴감을 가진다면, 판단을 그르치기 쉽다. 그보다는 대다수의 주민들이 어떻게 생각할 것인지 거기에 집중하라.

❾ 억울함도 받아들이라

나쁜 의도를 가진 사람에게 공격을 받거나, 봉변을 당했을 때 너무 시시비비에 연연해하지 마라. 옳고 그른 것 다 가리려고 하다가 싸움이 커진다. 싸움은 망하는 지름길이다. 대의를 위해서 자신을 희생할 줄 알아야 한다.

❿ 주민을 믿으라

주민들이 내 진심을 알아주지 않는다고 생각할 때가 있다. 하지만 전면에 나서서

말을 하지 않을 뿐, 옳고 그름을 지켜보고 판단하는 사람들이 있다. 정말 힘들고 포기하고 싶을 때는 일면식도 없는 주민들이 힘이 되어줄 것이다.

정부에
고하는 글

우리나라 전체 세대 가운데 60% 이상이 아파트에 거주하고 있고 아파트에서 징수, 집행되는 관리비와 장기수선충당금이 연간 10조원에 이르는 등 아파트가 국민생활에서 차지하는 비중은 매우 크다. 계속되는 일부 주택 관리업자 및 입주자대표회의의 횡령, 아파트 공사/용역을 둘러싼 비리 등 각종 의혹이 늘고 있어서 정부도 주택법 개정으로 관리를 강화하려고 하지만 아직 효과는 미미하다. 효과가 미미한 이유는 정부에서 아파트 내부 사정을 고려하지 않은 채 법률적 규제로만 모든 문제를 해결하려고 하기 때문이다.

아파트 내부 사정을 들여다보면 이렇다. 대부분의 주민들은 아파트가 어떻게 관리되는지, 관리비가 어떻게 쓰이는지 관심이 없다. 10% 정도의 일부 주민들만이 아파트에 관심을 보인다. 이 중 아파트에 적극 관여하는 사람들이 있다. 이들이 관여하는 이유는 여러 가지다.

이권에 관심 있는 사람, 잘못된 것을 바로 잡고 싶어 하는 사람, 나서기 좋아하는 사람, 친분이나 감정으로 발을 들이는 사람도 있다. 이들 중 일부가 문제도 일으키고 서로 다투기도 하는데 결국 주도권을 갖는 사람은 가장 열심히 활동하고 오랫동안 버틸 수 있는 사람으로 이들이 대부분 이권과 관련을 맺고 있다.

아무래도 이권과 관련된 사람들은 밤낮으로 생업같이 열심히 활동할 수 있으나, 이권이 없는 사람들은 본업에 충실해야 하니 한계가 있을 수밖에 없다. 결국 이권에 관련된 사람들이 주도권을 잡고, 관리회사나 부녀회, 노인회 같은 자치단체와 게이트를 형성하게 되면 비리의 온상이 완성되는 것이다.

상황이 이렇기 때문에 아무리 주택법을 강화시킨다고 한들 입법권과 행정권을 쥐고 있는 입주자대표회의를 장악하기만 하면 얼마든지 합법적인 비리를 저지를 수 있다. 관리회사와 계약을 맺으면서 수억 원의 돈을 더 주거나 쓸모없는 싸구려 장비를 수천만 원에 구입하고 이런 저런 수당으로 아파트 돈을 가져가도 절차만 적법하면 불법이 아니기 때문이다. 몇몇 관심 있는 주민들이 반발을 해도 관심은 주민 전체로 확대되지 않고, 또한 절차에도 하자가 없으니 딱히 제재 방안이 없다. 구청에 신고해도 절차가 적법하고 증거가 없기 때문에 관여할 수 없다는 답만 듣게 된다. 대부분 사람들은 시간상의 이유로 더 이상 관여하지 않는다. 결국 많은 시간을 투자할 수 있는 사람들이 이기는 게임이 된다.

단순한 법으로만 바꾸기는 힘든 상황이다. 오히려 법이 까다로워질

수록 이권을 노리는 사람들은 이를 자신의 무기로 활용하게 된다. 아파트와 관련된 많은 고소 고발이 있는데 이 중에는 이권을 노리는 사람들이 실권을 얻기 위해서 입대의 집행부를 괴롭히는 도구로 사용하는 경우도 많이 있다. 이런 싸움이 시작되면 오래 버티는 사람이 이기게 되고 이권에 목적이 있는 사람이 이기는 경우가 대부분이다.

　정부에서는 단순히 법률로만 감독하려고 하지 말고 충분한 인적 자원을 갖추어 적극적으로 관리해야 한다. 법률이라는 획일화된 잣대로만 판단하면 오히려 빠져나갈 구멍이 많아진다. 주민들이 정부에 도움을 청해도 잣대만 들이대고(물론 비리를 저지른 사람들도 알고 있는 잣대이니 피하는 건 식은 죽 먹기다.) 더 이상 관여하지 않으려고 한다. 그래서 정부에서 비리를 판단할 수 있고 각종 분쟁을 중재해줄 수 있는 인력이 필요하다. 다툼이 있는 아파트에서 누가 잘못하는 사람인지 판단하는 것은 간단하다. 아파트 돈이 어디로 샜는지 살펴보면 된다. 이것은 누구나 보기만 하면 알 수 있는 문제다. 그러나 법률적 잣대로는 결코 보이지 않는다. 누군가에게 여러 가지 명목으로 돈이 지불되거나 실거래 가격보다 높은 가격에 계약이 체결되고 구매가 이루어진다. 이런 경우에 소수 주민의 목소리를 들어주고 적극적인 중재를 해줄 수 있는 정부 인력이 필요하다. 아파트 안에 왜곡된 민주주의를 바로 잡고 모든 주민들에게 올바른 정보를 주고 다시 민주적인 방법으로 결정할 수 있는 여건을 만들어야 한다. 정부는 국민의 60%와 10조 원의 돈이 움직이는 곳의 관리를 위해 적극적인 투자를 아끼지 말아야 한다.

입주에서 2기
관리회사 교체까지

이 글은 2부의 저자(김지섭)가 입주에서부터 2기 관리회사를 교체하기까지의 상황을 설명
한 것으로, 1부 글을 보충하고 사태를 보다 객관적으로 보여주기 위하여 여기에 싣는다.

입주 전 상황

대부분의 사람들이 그렇듯이 나 역시 아파트 동대표라는 직함에는 털끝만큼도 관심이 없었다. 근 20년간 ERP 관련 IT엔지니어와 테크니컬 컨설턴트로 살아오면서 오로지 제품을 개발하고 일하는 데만 관심을 두었을 뿐이다. 그러다 2005년, 가깝게 지내던 지인으로부터 송도에 아파트가 들어선다는 말을 들었다. 지금 아파트에 10년 정도 살고 있었고, 슬슬 이사해야겠다고 생각하고 있었다. 청약 하루 전날, 가족과 외식하러 나간 김에 모델하우스 구경이나 하자고 송도에 들렀다. 새로 짓는 아파트에 대한 관심은 대단했다. 모델하우스 앞으로 입장을 기다리는 사람들이 길게 줄을 서고 있었다. 다음날, 큰 기대 없이 청약을 넣었는데 덜컥 당첨되었다. 당시 송도 아파트 경쟁률은 최대 206대 1을 기록, 9시 뉴스에 소개되기도 했다.

당첨 후 반 년쯤 지난 어느 날이었다. 입주 예정자 동호회 명의로 우편물이 도착했다. '아파트 분양 광고와는 다르게 수영장도 없고 스포츠 센터도 입주민 전용시설이 아니라 단지 내 상가에 위치하고 있다, 대책 마련을 위해 회의를 여니 참석해 달라'는 안내장이었다.

회의장에 들어섰다. 약 500명이 모였다. 수많은 얘기 끝에 소송을 하기로 결정하고, 진행 과정은 인터넷 카페를 통해 수시로 알리겠다고 했다. 컴퓨터 앞에 앉아 있는 게 일이다 보니 카페에 들락거리며 의견을 달곤 했다. 다만 일반 회원들이 문제점만 나열하고 해결책은 제시하지 못하는 데 반해 나는 다른 각도에서 문제를 바라보고, 현실적인 해결책을 찾으려고 노력했다. 이런 댓글 때문에 가끔 회의장에서 만나는 임원진들은 내가 누군지 궁금해 했다. 혹시 시공사 대변인이 아닌가 하는 의심의 눈초리도 있었다.

2009년 2월 말 아파트가 완공되었다. 때마침 부동산 대란이 발발, 살고 있던 아파트가 쉬 팔릴 기미가 보이지 않았다. 입주를 망설이고 있다가 그해 6월에 집이 팔리며 부랴부랴 두 아들을 전학시키고 이사했다.

관리비 폭탄

송도는 황량한 벌판에 새 아파트만 외롭게 들어선 형상이었다. 부동산 경기가 끝없이 추락하던 시기라 입주 5개월이 지난 시점인데도 사람들은 절반도 채 입주하지 못하고 있었다. 당시 이 아파트의 전세가가 분양가의 15~20%에서 형성되는 등 참으로 혼란스러운 시절이었다.

새 아파트에서 맞이하는 첫 여름이었다. 집은, 사방이 커다란 유리로 된 온실 같았다. 실내 기온이 38도까지 치솟았다. 에어컨을 켜지 않으면 도저히 버틸 수 없는 여름이었다. 그해 여름 내내, 한 달 평균 관리비는 70~80만 원에 달했다. 더위를 잘 타지 않고 전기 절감에 늘 신경을 쓰는 아내 덕분에 이 정도였지 이웃집 관리비는 100만 원을 훌쩍 넘었다. 관리비 폭탄으로 아파트가 들썩이기 시작했다.

엎친 데 덮친 격이랄까. 당시 수많은 하청업체가 부동산 경기 급락의 여파로 아파트 완공 직전에 부도를 맞으며 공사를 제대로 마무리하지 못한 탓에 여러 세대에서 심각한 수준의 하자가 발견되었다. 급기야 2009년 장마철 집중호우가 쏟아질 때 커튼월을 통해 빗물이 실내로 흘러넘치면서 100여 세대가 피해를 입었다. 며칠 뒤 커튼월 누수 사건이 9시 뉴스에 보도되었다. 청약률 소식에 이어 두 번씩이나 메인 뉴스로 전파를 타게 된 것이다.

그러다가 당시 1기 관리회사(시공사에서 선정한 업체)가 경험이 부족한 신생 관리 회사라는 사실이 알려지게 되었다. 일반 아파트에서 살다 온 대다수 주민들은 100만 원 관리비를 도저히 이해할 수 없었고, 가뜩이나 더위에 시달리고 하자로 지쳐 있던 참에 분노가 머리끝까지 치솟게 되었다.

관리회사 교체 문제

아파트 주민들은 서둘러 입주자대표회의(입대의)를 구성했다. 동대표를 뽑고, 회장을 선출하여 아파트에 누적된 문제들을 해결하려고 했다. 입대의의 최우선 과제는 관리회사 교체였다. 관리비 날벼락을 맞은 주민들은 홈피를 통해 이런 관리회사에 맡겨야 한다며 다양한 의견을 쏟아냈다. 입찰이 진행되었다. 그런데 정작 입찰을 받고 보니 기존 관리회사를 포함하여 우리나라 최대 업체라는 A 회사, 평범해 보이는 B 회사 이렇게 3곳만 참가했다. 나중에 들으니 A 회사의 프레젠테이션만 정상적으로 진행되었고, 나머지는 건성으로 넘어갔다고 한다. 결국 A 회사가 관리회사로 선정되었다.

주민들은 관리회사 선정 방식에 불만을 드러냈다. 이 과정에서 이웃동 주민들이 동대표의 자질을 문제 삼아 해임안을 진행하게 되었고, 새로운 동대표를 선정하는 과정에서 불협화음을 빚으며 한동안 홈페이지는 감정적 대치 상황에 빠지고 말았다. 결국 동대표 10명 중 절반이 넘는 사람이 해임하거나 사퇴하는 등 입주자대표회의 집행부는 혼란에 빠졌다. 결원이 된 동대표를 다시 뽑기 위해 보궐선거를 치른 끝에 1.5기 입대의가 구성되었다(입주 초기의 갈등은 많은 아파트에서 발생하는 공통된 문제 같다. 특히 이 갈등이 주로 인터넷에서 표출된다는 것은 주목할 만한 일이다.).

1.5기 입대의가 출범할 즈음 나는 친분이 있던 동대표의 부탁으로 우리 동의 '주민 자치회 회장'을 맡게 되었다. 주민 자치회는 주민과 동대표 사이의 원활한 의사소통을 위해 주민들이 자발적으로 만든 단체이다. 동대표가 있는데 굳이 다시 이런 모임을 만들고 회장까지 선출하는 것이 일을 더 복잡하게 만드는 것처럼 보였지만 당시 어수선한 분위기를 감안하면 이해되지 못할 일도 아니었다. 어쨌든 자치회 회장 자리에 앉으면서 나는 의도치 않게 동대표에 한걸음 가까이 서게 되었다.

관리회사를 새로 교체한 지 6개월 정도 지났을 무렵이었다. 이런 저런 경로를 통해 위탁관리계약서를 손에 넣게 되었다. 우리는 계약서를 살펴보다가 주민에게 불리한 계약조항들을 발견하게 되었다(이 내용은 34쪽, 209쪽에서 자세히 다루었다.). 입대의에 시정을 요청했다. 계약을 주도했던 1기 집행부는 자신들의 입장을 정당화하기에 바빴다. 나중에 새로 1.5기 입대의에 합류한 동대표의 노력으로 일부 독소조항을 바로 잡기는 했으나 여전히 계약은 주민들에게 불리했다. 관리비를 줄이는 것도 중요하지만 많이 내고 적게 내는 것을 떠나서 낸 만큼 대우를 받지 못하고 관리회사의 배만 불리고 있는 계약이라면 그건 정당한 계약일 수 없다. 아마 이런 생각 저런 생각을 하면서 나도 모르게 차기 동대표에 나서야겠다는 마음을 갖게 된 것 같다.

주민과의 소통 방식 바꾸기

나는 입대의와 주민 간의 소통이 없다는 점이 가장 큰 문제라고 판단, 다음 두 가지 공약을 내세우며 2기 동대표에 출마했다(이 책의 공저자인 김윤형 님도 이때 적극 설득하여 함께 출마했다.).

하나, 주민과의 소통을 최우선 과제로 삼는다.

둘, 홈페이지를 적극 활용한다.

입주 초기에 집중 발견된 하자와 각종 민원을 해결하느라 매주 새벽 1시까지 회의하고 녹초가 된 입대의와, 결과물을 자기 눈으로 확인할 수 없는 주민들은 마치 물과 기름처럼 잘 섞이지 못하며 따로 움직이는 형상이었는데 이런 불협화음이 문제 해결을 복잡하게 만드는 원인이었다. 사실 동대표 입장에서는 주민 다수와 소통하는 것보다 친분 있는 몇몇 지인과 접촉하는 게 편할 수도 있는데 이렇게 되면 인정에 약한 한국인의 특성상 친분이 있는 사람들의 이익을 챙겨주게 되고 그게 빌미가 되어 아파트가 파벌 싸움에 휩싸일 가능성이 크다. 한편 이전에도 동대표 후보들은 '주민 소통'을 공약으로 내세웠으나 모두 '공약(空約)'에 그쳤다. 이는 실천 방법이 구체적이지 않았기 때문이었는데 그래서 나는 '홈페이지 활용'이라는 구체적인 방법을 제시했다.

2기 동대표에 당선된 후 가장 먼저 추진한 일 역시 홈페이지를 소통 공간으로 활용하는 일이었다. 동대표들이 처리해야 하는 안건이 있으면 일단 모이기 전에 공개된 '동대표 게시판'을 통해 자유롭게 회의를 벌여 의견을 모은 뒤, 회의석상에서는 최종 결정만 하도록 하는 방안이었다(온라인 회의 후 오프라인 결정). 이렇게 하면 회의를 효율적으로 운영할 수 있고, 동대표가 어떤 의견을 냈으며 어떤 말을 했는지 주민들이 두 눈으로 파악할 수 있다고 판단한 것이다. 2기 동대표들도 '개방된 홈페이지를 통한 사전 회의 방식'에 동의하여 안건은 쉽게 통과되었다. 그러나 정작 시행 과정은 순탄치 않았다. 대다수 동대표들이 인터넷 문화에 익숙지 않은데다 게시판이 오픈된 공간이라는 점 때문인지 자신의 의견을 드러내는 데 주저하였다. 이후 '홈피를 통한 의견 개진 및 토론'은 관리소장의 일일 업무 메일에 대한 답변서에 통합되며 '이메일을 통한 의견 개진 및 토론'으로 바꾸어보았지만 이역시 이메일에 익숙한 몇몇 동대표만 의견을 달게 되면서 당초의 취지는 살리지 못했다.

한편 2기 입대의는 회의록을 작성할 때 누가 어디에 투표했는지 실명을 적는 방식을 채택했다. 이렇게 하면 일부 동대표의 입김이 아니라 모두가 참여하여 결정할 수 있으며 주민들도 관련 내용을 볼 수 있다는 장점이 있었다. 또 회의 내용은 모두 녹화하여 다음날 TV로 녹화방송을 내보냈으며 동시에 회의 녹음 파일을 홈피에 공개하기로 했다. 녹음 파일 공개에 대해서는 일부 동대표의 반대가 있었다. 그러나 우리는 관리회사 변경 과정에서 발생한 어느 동대표의 몰상식한 언행을 기억하고 있었고, 이런 과정을 주민들이 알아야 한다고 판단하여 '녹음 파일 공개' 건의안을 통과시키게 되었다(녹음 파일 공개는 회의가 2~3시간 진행되기 때문에 대용량 메일을 이용하여 링크를 거는 방법으로 홈피에 게시했다. 공개 기간은 1~2주 정도밖에 안 되었지만 효과는 충분하다고 판단되었다.).

녹화나 녹음 파일의 공개는 자체로 중요한 의미가 있지만 한편으로는 현장감이 떨어지는 게 단점이다. 그래서 관심 있는 주민은 가정에서 식사를 하면서도 회의 내용을 볼 수 있도록, 또한 필요하다고 판단되면 회의 중간에도 해당 동대표에게 문자를 보내거나 혹은 홈피에 의견을 올릴 수 있도록 각 가정의 TV를 통해 회의 장면을 생중계하는 게 중요하다고 판단했다. 마침 방송설비가 설치된 방제실과 입대의 회의실이 한 건물 내 1, 2층에 위치해 있어 회의실에서 방제실까지 케이블 두 가닥만 연결하면 바로 생방송이 가능한 상태였기에 이 안건을 실행하기로 의결하였다. 다만 2층에 있는 회의실과 독서실을 묶어 전체를 리모델링하는 중이어서 생중계는 아직까지 실현하지 못하고 있다.

회장 선거
동대표 6명이 구성되자 곧바로 회장 선거가 치러졌다. 나와 같은 동에서 선출된 S 동대표(세대수 때문에 타워형은 2명의 동대표를, 판상형은 1명의 동대표를 선출했다.)가 회장 후보에 나섰고, 1기에서 임원을 지낸

Y 동대표가 경쟁자로 나왔다. 경쟁자 Y 동대표는 부녀회 설립을 지원하는 등 부녀회와 친분이 두터웠다. 선관위 절반이 부녀회 임원진이었으며, 또한 부녀회만큼 많은 인력을 동원할 수 있는 곳이 없었기 때문에 Y 동대표의 당선은 기정사실로 받아들여지는 분위기였다. 하지만 Y 동대표에게는 장점만큼 약점도 있었다. 1.5기 관리회사를 선정하는 과정에서 여러 가지 의혹을 사고 있었고, 이미 한 차례 해임안이 발의되는 등 Y 동대표를 회장 자리에 앉히면 안 된다고 생각하는 주민도 많았다. 다행히 투표 결과는 338표 투표에 194표를 얻은 S 동대표의 승리로 돌아갔다. 아마도 부녀회의 지원을 받고 있는 후보가 낙선하는 몇 안 되는 드문 사례일 것으로 생각된다.

이렇게 해서 S 동대표를 입대의 회장으로 선출하고 이후 2명의 동대표가 추가로 선발되었으며 다음 회의에서 나는 2명의 이사 중 한 명에 선출되어 2기 입대의 구성을 마치게 되었다(입대의 정원 10명 중 8명 구성).

※ 당시에는 실행되지 못한 방안이지만 한 가지 참조할 만한 내용을 소개한다. 동대표 선거와 회장 선거를 치르면서 늘 마음에 걸렸던 게 있다. 후보들이 약력과 공약을 A4지 한두 장에 작성하여 게시판에 걸어두는데 그 내용이 서로 엇비슷하여 변별점을 찾기 어렵다(심지어 1기 선거 때는 4명의 후보가 공동으로 공약을 작성해 게시한 적도 있었다. 그렇다면 누구를 뽑아야 한다는 말인가?). 내용도 내용이려니와 방식도 고리타분하여 그러지 말고 IT시대에 걸맞게 후보에게 공약을 10분 정도로 녹화하도록 하고 이를 주기적으로 방송하고, 회장 선거처럼 중요한 선거는 후보 간 토론을 하도록 하여 이를 방송으로 내보내자는 의견을 제시했었다. 요즘은 휴대용 디

카나 스마트폰으로도 얼마든지 녹화가 가능하니 실행하는 데 장벽이 없고 현장감 높은 선거를 치를 수 있다고 생각한다. 아파트 선거 방식도 시대에 맞게, 중요성에 맞게 변화가 필요하다.

관리회사 변경

1.5기 관리회사(1기 입대의 선정)와 맺은 2년의 계약기간이 만료되어 재계약을 할지 교체를 해야 할지 결정할 시간이 되었다. 규정에 따르면, 우선 기존 관리회사의 제안을 들어보고 이를 주민에게 공지한 후 주민 1/10의 반대가 없고, 다시 입대의 2/3 이상의 의결에 의해 재계약하도록 규정되어 있다(재계약 규정). 당시 이 규정에 따라 회의를 진행하기 위해 모인 자리에 몇몇 주민들이 찾아와서 관리소장을 퇴장시키라고 소란을 피우는 바람에 관리회사로부터 재계약 협상안을 제시받지 못하고 입대의 자체적으로 의결을 내릴 수밖에 없는 상황에 이르렀다. 우리는 일단 기존 회사와 재계약하는 방침을 정해두고 공지를 내보냈고, 기존 관리회사 선정 과정에서 문제가 있음을 인지하고 있던 주민들은 반대 의견서를 제출했다. 이 와중에 1.5기 관리회사의 임원은 동대표를 찾아다니며 미지급퇴직적립금 약 6천만 원을 아파트 발전기금으로 내놓겠다고 제안하였다(미지급퇴직적립금은 35쪽, 214쪽에 자세히 기록한 내용으로, 1년 이내에 퇴직하는 직원에 대해 퇴직금을 지불하지 않아도 된다는 규정에 따라 관리회사가 수익으로 챙기고 있던 돈이다. 직원의 이직이 잦을수록 관리회사는 많은 이익을 얻을 수 있는 규정이었다.). 혼란이 가중되자 2기 입대의는 공개경쟁입찰을 의결하여 사태

를 수습하기로 결정했다.

공개경쟁입찰 공지문 작성을 위해 자문위원을 모집했다. 6명의 주민이 지원했다. 자문위원과 입대의의 첫 대면식은 매우 조심스러웠다. 이미 1년 전 사소한 일로 자문위원과 멱살잡이가 벌어져 한 동대표가 면직되는 일이 벌어졌기 때문이다. 2주일 후 자문위원이 작성한 입찰 공지문이 입대의 정기회의를 통해 배포되었다. 20여 년간 관리소장을 했다는 자문위원장이 주도했다고 하는데도 공지문에는 문제가 많았다. 이견이 있는 내용은 그 근거자료까지 모두 첨부하여 나열해주어야 입대의에서 살펴보고 결정을 내릴 텐데 전혀 그런 게 되어 있지 않았다. 가장 많은 토론을 거쳤던 조항은 업체의 자격 중 '층수와 세대수 제한'이었다. 우리 아파트는 64층에 이르는 초고층이다 보니 전국적으로 사례가 적어 층수와 세대수를 너무 높게 잡으면 참여 가능한 업체가 줄어들고 반대로 너무 낮게 잡으면 일반 아파트를 관리하던 업체까지 전부 다 응찰할 수 있어 옥석을 가리기 힘들다. 또한 가장 논란을 빚었던 조항은 '2년 이내 행정처분 받은 업체 제외' 조항이었다. 이 조항은 '관리업체 선정지침'에 '6개월 이내'로 명시가 되어 있어 삭제를 의결했는데 자문위원들은, 그러면 1.5기 관리회사의 입찰자격이 박탈될 수밖에 없다며 일제히 화를 내고 퇴장하기에 이르렀다.

나는 동대표에 당선되고 나서 곧바로 관리회사와 보안회사의 정보 입수에 나섰다. 인터넷을 통해 상위 10개의 관리회사를 추리고 각 관리회사에 입찰공지예문을 팩스로 보내 조항을 수정하여 팩스로 회신토록 하는 방법을 사용했다. 처음에는 아파트 이름을 표기하지 않았더니 단 한 곳도 회신을 보내오지 않았다. 다시 아파트 명을 밝혀서 입찰공지예문을 넣었더니 몇 개의 회사가 회신을 보내왔다. 그중에는 종이 한 장만 보내온 회사도 있었고, 자세하게 답변을 달고 회사의 강점까지 덧붙인 회사도 있었다.

보안회사의 경우 국내 유명 3개 회사와 직접 접촉을 시도했다. 각 회사의 장점, 운영 방법 그리고 우리에게 필요한 조건 등을 동일하게 설명하고 브리핑을 받았다. 당시로써는 규정대로 최저가 업체를 선정할지, 업체의 기술력을 평가할지 전혀 결정된 바가 없었기 때문에 자료를 모으는 와중에도 지속적으로 동대표들과 평가 항목, 배점, 평가 방법 등에 대해서 의견을 나누었다. 어쨌든 이런 과정을 통해 각 회사의 장단점을 대략이나마 파악할 수 있었다. 대체로 이 업체들은 전문 업체를 표방하고 있지만 실상 조직과 체계가 허술하여 큰 기대는 걸지 않고 있었다.

'2년 이내' 문구의 삭제 요청에 대한 자문위원의 반응이나 그간 아파트 내부의 불협화음 등의 일을 경험하면서 우리는 사람들이 작은 문구 하나에도 민감하게 반응한다는 사실을 깨닫게 되었다. 그래서 '규정'에서 벗어나지 않도록 매우 조심했다. 실제로 대다수 아파트에서는 자체 평가를 통해 업체를 선정하는 경우가 많지만 우리는 혹시 모를 잡음을 우려하여 규정에 따라 최저가를 제시한 업체를 선정하기로 뜻을 모았고 혹시 모를 동일 금액에 대해서는 추첨으로 결정하기로 했다. 예상대로 현장 설명회에 참석했던 6개 업체는 법률에서 규정한 최저가(위탁관리비)로 응찰했고 결국 추첨에 의해 2기 관리회사를 선정했다. 추첨 결과를 지켜보던 동대표들은 1.5기 관리회사가 탈락하고, 대형 업체가 선발된 것에 안도하며 한숨을 내쉬었다.

2기 관리회사 선정을 마치자 이번에는 1.5기 관리회사가 비협조적으로 나왔다. 인수 문제였다. 아직 관리 기간이 한 달이나 남았는데 벌써부터 인수팀이 들어오는 것은 말이 안 된다, 인수인계는 알아서 해줄 테니 걱정 마라, 보안 및 미화 회사 입찰은 새로 관리를 맡은 회사가 해야 한다며 일 처리를 더디게 만들었다. 결국 1.5기 관리회사의 비협조적인 태도 때문에 2기 관리회사는 업무 시작 후 한 달이나 늦게 보안 및 미화 업체 입찰을 실시했다. 더욱이 1.5기 관리회사는 인수인계를 끝낼 때마다 PC를 포맷하여 문서 이외의 자료는 전부 삭제했다. 훗날 본인들이 다시 선정되지 말라는 법이 없는데 이렇게 해코지를 하는 데는 어이가 없었다.

2기 관리회사와는 임금과 인원 협의를 마치고 그동안 문제시되었던 '퇴직적립금 문제', '1년 경과 후 중간평가' 조건을 넣어 계약서를 작성하였고 보안회사와 미화회사를 선정한 후 모든 위탁관리계약을 마무리 지었다.

- 2부를 위한 변 -

2부 중에는 1부와 중복되는 내용이 다소 등장한다. 그러나 관점이 다르다. 1부가 주로
주민 신뢰 높이기나 관리회사 협상처럼 대인 관계 측면에서 문제를 바라보았다면 2부는
기술적 관점에서 문제를 조망한다. 아파트 설비와 관리에 대한 기술적 이해는, 협상/설
득/갈등해소 능력과 더불어 아파트 관리비를 절감시킬 수 있는 핵심 덕목이다.

Part
Two

아파트 관리비,
눈 먼 돈을
만들지 않으려면……

〈인건비, 전기료, 계약〉3대 절감 포인트

인건비,
노는 인력 없애고
숙련도를 높여라

인건비를 절감하려면 다음 두 가지 사항에 대해 평가 기준을 마련
해야 한다.

하나, 인력이 적정한가?
둘, 임금이 적절한가?

1기 입대의 때는 아무 경험이 없으므로 관리 인원은 몇 명이 적정
한지, 어느 정도 임금이 적절한지 판단하기 힘들다. 우리 아파트의
경우 입주 초기 시공사에서 선정한 관리회사 인력이 140여 명이었
다. 입주 6개월 후 입대의가 구성되어 관리회사를 교체하면서 인력은
128명으로 줄었고, 다시 2기 관리회사가 들어서면서 인력은 총 97명
(관리사무실 5, 시설관리 20, 보안 37, 미화 35)으로 줄었다. 인력 조정 계

획은 새로운 관리회사가 제시한 것으로 전체 인건비가 줄어들었기 때문에 입대의에서 거부할 이유는 없었다(다만 관리사무실의 업무가 과중한 관계로 시설관리 1명을 관리사무실로 돌리는 방식으로 운영하고 있다.). 2012년 여름 이후 주변 아파트의 시설관리 인력 인건비가 상승하여 이와 보조를 맞추기 위해 인력을 감원하는 대신 남는 인건비를 잔여 인력에 배분하여 현재는 '관리사무실 6명, 시설관리 18명'으로 운영 중에 있다. 시설관리(18명)는, 시설 점검이 많은 여름과 겨울에는 주간 14명, 야간 2명, 휴무 2명으로 근무하고 있으며, 봄과 가을에는 주간 12명, 야간 3명, 휴무 3명이다.

인력 관리의 포인트는 두 가지다. 하나는 불필요한 비용을 줄이는 것이고 하나는 대우를 높이는 것이다.

사무/시설관리 인력 : 소속감을 높여라

아파트 설비가 고가의 최신시설인 데다 숫자도 많기 때문에 능력 있는 관리 직원을 뽑아 책임지고 관리할 수 있는 환경을 만들어 주는 것이 가장 중요하다. 한마디로 줄 수 있는 만큼 주고, 받을 수 있는 만큼 받는 것이다.

그러나 관리 직원은 대부분 자기 직업에 대한 애착이 부족한 것 같다. 2년 단위로 계약을 갱신해야 하는 현 제도와, 관리비를 조금이라도 줄이고자 하는 주민의 요구가 그 주요한 원인으로 생각된다. 그러나 관리 직원이 어떤 마음가짐으로 근무에 임하느냐에 따라 설비의 수명이 달라지므로 무엇이 득인지는 잘 헤아려야 한다. 관리 직원이

179

업무에 소홀한 경우 자체적으로 해결할 수 있는 사소한 고장도 외부 업체에 맡겨 비용을 높이는 경우도 종종 발생한다(자체적으로 해결할 수 있는 일인지 아닌지 비전문가인 입대의가 알기는 매우 어렵기 때문이다.). 이런 문제를 종합적으로 고려하여 인력 숫자와 인건비를 산출하는 게 좋다. 필요하면 자문 인력도 확보해 두고, 입대의도 각종 설비 및 설비 용어에 대해 공부할 필요가 있다.

우리는 관리소장으로부터 이메일을 통해 매일 업무 보고를 받고 이에 대한 의견을 함께 공유하여 아파트의 상황을 늘 상세히 파악할 수 있도록 하고 있다. 또한 입대의와 관리사무소가 홈피를 통해 주민의 각종 질문에 적극적으로 의견과 답변을 달아서 주민과의 원활한 소통에도 신경을 쓴다. 주민과의 소통을 소홀히 하면 주민들은 관리 인력이 어떤 일을 하는지 알 수 없어 불신이 쌓일 수 있으니 주의해야 한다.

전문용어나 약어는 해설을 첨부하도록 하자

입대의 대부분이 설비 전문가가 아니므로 설비 담당 직원이 사용하는 용어가 낯설고 이 때문에 관리 직원의 조언에 끌려 다니는 경우가 많다. 특히 전기 설비의 경우 해당 분야에서만 통용되는 약어가 많은데 각종 업무 보고에 약어의 해설을 첨부시키면 관리 직원과 입대의 사이에 소통이 원활해지고, 입대의는 어려운 말 이해하느라 시간 빼앗기지 않아 본연의 역할인 관리 감독에 충실할 수 있다.

보안인력 : 무인경비 VS 인력경비

보안운영은 무인경비와 인력경비로 구분된다. 대부분의 아파트는 경비원이 근무하는 인력경비다. 그러나 인건비를 줄이기 위해 비상 시 외부에서 출동하는 무인경비 시스템으로 운영하는 아파트도 있다. 만약 인건비 절약을 위해 무인경비로 전환하려면 우선 현재 보안 인력이 수행하는 재활용품 정리, 택배물품 보관, 제설작업, 주차정리 등의 부수적인 작업을 어떻게 처리할 것인지 고민해야 한다.

인력 구성은 초소 개수와 운영 방법에 따라 달라진다. 보안을 위해서는 인력을 늘리는 게 좋지만 비용이 부담스럽기 때문에 가급적 CCTV나 경보기 같은 장비를 도입하는 것이 장기적으로 유리할 수 있다. 다만 장비의 도입은 초기 투자비가 높고 유지비용이 발생한다는 점을 고려해야 한다. 우리 아파트의 경우 2개의 정문과 6개동, 그리고 방제실에 총 9개의 초소가 배치되어 있다. 각 인력 배치와 업무는 아래와 같다.

초소명	인원	초소 수	업무	비고
방제실	2	1	• 보안 상황 통제 • 주차장 및 단지 내 400여대 CCTV 모니터링 • 방문객을 위한 주차장 진입로 인터폰 응대	순찰 업무도 수행한다. 순찰은 전자 태그를 부착하여 빠짐없이 하도록 되어 있다(전자 태그는 보안회사에서 무상으로 설치).
정문	2	2	• 방문객 통제(세대 내 인터폰 연락)	
로비	1	6	• 해당동 인터폰 응대 • 로비 및 16채널 CCTV 통해 동 주변 감시	
합계	37	9	• 24시간 맞교대 방식 • 주간에는 로비에 여직원 근무	

보안회사와 계약할 때는 사전에 취약지역 보안 방안, 초소 개수, 순찰 방안, 근무형태 등 보안 업무 전반에 대한 구상을 사전에 마치는 게 좋다. 로비에 인력이 배치되어야 한다면 여직원이 필요한지, 전체 보안 인력의 연령대는 어느 선으로 정할 것인지도 반드시 결정하여 입찰조건에 포함시켜야 한다(성별/연령별로 인건비 차이가 크기 때문이다.). 20~30대 인력을 고용하면 보안이 철저하다는 인상을 줄 수 있지만 대신 이직률이 높은 것이 단점이다. 최근에는 전문학과 출신의 무술 유단자 여성을 채용하는 경우도 있는데 주민 반응이 의외로 좋다. 근무 형태에 대한 설계가 어려우면 아파트의 문제점을 찾아서 보안회사에 제시하고 이에 대한 해결책을 들어본 후 비용을 감안하여 적절한 업체를 선정하는 방법을 추천한다. 한편 대규모 단지의 경우 보안인력 간 연락방법도 강구되어야 한다. 이를 위해 무전기를 많이 쓰는데 전파가 도달하지 않는 지하주차장 같은 곳에 대한 해결 방안도 강구하는 것이 좋다.

출입 시스템, 어떻게 할 것인가

보안을 위해 설치한 출입 통제 시스템은 항상 고장에 대비해야 한다. 막상 고장이 나면 문을 열어두게 되는데 이에 대한 대비책을 마련해야 한다는 말이다. 특히 출입문 문제는 입주 초기에 신경을 쓸 필요가 있는데 이 시기에는 대부분 하자발췌와 하자보수에만 신경을 쓰느라 개선 시기를 놓쳐 나중에 주민의 돈을 들여야 하는 등 불필요한 지출을 하거나 개선을 포기, 불편을 감수하고 사는 경우도 종종 본다. 출입 방식의 장단점과 개선 방안을 잠깐 살펴보자.

● 비밀번호로 출입하는 경우

비밀번호 입력 방식은 가장 단기간 내 무용지물이 되는 경우가 허다하다. 예를 들어 50세대가 살고 있는 동의 경우 한 집이라도 비밀번호가 유출되면 보안 기능은 마비된다. 그렇다고 모두가 합심하여 비밀번호를 바꾸는 것도 쉬운 일은 아니다.

● 지문인식으로 출입하는 경우

지문인식 방식은 설치비 이외에는 별도의 비용이 들지 않는다는 장점이 있지만 인식률이 가장 나쁘다는 단점이 있다.

● 카드로 출입하는 경우

그나마 가장 안전하고 편리한 방식이 카드 출입 방식이다. 카드 출입 방식의 경우, 세대수가 적으면 입력 단말기를 업체가 보유하고 있어 매번 신규 카드 등록을 요청해야 할 때도 있고, 단지 내에 단말기를 보유, 입력/수정/삭제가 자유로운 경우도 있다. 우리 아파트의 경우 입주 초기 각 세대별로 4개씩 모두 약 8,000장의 출입카드가 배포되었다. 그런데 매달 약 100장의 카드가 신규로 발급된다. 분실도 많지만 이사할 때 인수인계가 제대로 이루어지지 않는 것으로 추정되는데 문제는 그만큼 사용되지 않는 카드가 늘어난다는 점이다. 따라서 일정기간 사용하지 않는 카드에 대해 일괄 삭제할 수 있는 기능이 부여되어야 한다.

또한 카드별로 각 출입문에 대한 출입 권한을 부여할 수 있는 경우 주민이 거주 동만 출입이 가능하도록 설정할 것인지, 동대표, 관리직원, 미화원, 보안원 등 권한에 따라 설정할 것인지 여부를 명확히 해야 한다.

일부 시스템의 경우 여러 회사의 보안 시스템이 동시에 적용되어 하나의 카드에 여러 개의 칩을 내장시켜 사용하는 경우도 있다. 이런 경우라면 카드 가격이 칩 개수에 비례하여 상승하게 되므로 가급적 칩을 하나만 쓸 수 있도록 개선하는 게 좋고, 단일칩을 사용할 경우 주민이 사용 중인 신용카드 중 주파수가 동일한 신용카드를 등록하여 보안카드로 활용할 수 있는 방안도 생각할 수 있다.

미화인력 : 숙련도가 포인트

단지의 청결을 책임지는 인력이다. 미화인력은 적절한 인원 파악이 중요하다. 대형 아파트의 경우 주차장 청소를 위해 청소차를 도입하는 경우도 많으니 이를 어떻게 도입하고 운영할 것인지, 나아가 유지 보수는 어떻게 할 것인지 사전에 계획을 세워둔다.

주민이 빈번하게 다니는 엘리베이터나 로비 등은 아침 일찍부터 저녁 늦게까지 청결을 유지할 수 있도록 근무 시간을 탄력 있게 조절해야 한다. 우리 아파트의 경우 오전 7시에 출근하는 인력, 오전 9시에 출근하는 인력, 주말에 근무하는 인력 등으로 근무 시간을 세분화하여 공백을 최소화했다. 실제 미화 직원과 얘기를 나눠보면 타 아파트에 비해 일은 힘들지만 급여 수준은 높아서 만족스럽다는 얘기를 듣는다. 미화 업무는 사람이 많다고 잘되는 것은 아니라고 생각한다. 얼마나 효율적인지, 얼마나 숙련되었는지에 따라 업무 품질이 달라진다. 처음에는 5명이 맡았던 일도 익숙해지면 3명이서 충분히 감당할 수 있기 때문이다.

최근 건설되는 아파트에는 대리석이나 화강석 같은 암석이 쓰이는 경우가 많은데 이때는 관리에 많은 노력과 노하우가 필요하다. 따라서 미화회사와 계약을 맺을 때 암석 관리에 대한 내용도 포함시켜야 한다. 주변에 관리가 잘되는 아파트를 둘러보고 어떤 방식을 채택했는지 사전에 정보를 얻는 것도 좋다.

아파트 로비에 대리석, 과연 올바른 선택일까?

아파트 로비와 같이 대외적인 공간으로 활용되는 곳은 아파트를 대표하는 얼굴이라는 이미지가 있어서 주민들도 신경을 많이 쓴다. 이 때문에 로비 인테리어나 바닥재에 관심을 보이는 사람이 많은데 그들의 의견은 대부분 '최고급 천연 대리석', '최고급 자재', '품격 있는 디자인' 등으로 귀결된다. 아파트 분양 광고에 삽입된 '최고급 수입산 자재 사용' 문구 역시 이런 니즈를 반영한 것이다. 그런데 그게 과연 정답일까?

다른 아파트에 놀러 가면 낯선 환경이 주는 색다른 인테리어와 분위기에 신선한 느낌을 받기 마련이다. 반면 그 아파트에 사는 사람들은 매일 보고 접하는 인테리어라서 별 감흥을 못 느낀다. 호텔 직원에게는 늘 익숙한 로비라도 손님에게는 으리으리하게 보이듯이 말이다. 아마도 주민들이 원하는 건 이런 것에 가까운 듯하다. 늘 접하는 주민에게는 무덤덤해지는 실내 장식이라도 손님에게는 남다르게 보이고픈 일종의 과시욕이 아닐까.

문제는 과시욕을 만족시키기 위한 비용이 결코 만만치 않다는 점이다. 천연 대리석은 가격도 비싸지만 관리도 어렵다. 흠집도 잘나고 수분을 잘 흡수하기 때문에 때 빼고 광내기 위해서는 비용을 투자해야 한다. 또 수입업체가 도산하거나 더 이상 동일 제품이 수입되지 않을 경우에는 작은 파손에도 수리나 교체가 불가능하여 제품 전체를 바꾸어야 할 때도 발생한다 (물론 하자보수 기간은 별 문제가 없다. 그러나 하자 기간이 끝나면 그때부터는 주민 주머니에서 해결해야 한다.).

엘리베이터 바닥에 대리석을 까는 경우도 많다. 보기에는 좋을지 모르지만 돌덩이를 나르는 덕에 엘리베이터는 더 많은 전기를 소모하게 된다. 또 물건을 떨어뜨려 깨지거나 눈이나 비 온 날 신발에 묻은 흙이 바닥에 흠집을 내는 경우도 빈번하다. 미관과 실용, 물론 둘 다 취할 수 있으면 좋겠지만 하나를 골라야 한다면 실용이 우선이 아닐까 싶다.

185

공용전기료,
잘 쓰고 덜 내는 방법

첨단 아파트에는 일반 아파트에서 찾아보기 힘든 첨단 시설물이 설치되어 있다. 특히 고층 건물은 수압 때문에 꼭대기까지 한 번에 물을 올릴 수 없어 중간층에 펌프실을 두어야 할 뿐 아니라 저층부 엘리베이터 기계실도 따로 있으며 이외에 다양한 부속설비가 설치된 기계실도 있다. 이런 시설물에 대한 이해가 부족하면 최적의 가동 상태를 유지할 수 없게 되고 이것이 여름철 전기료 폭탄을 불러온다. 입주 첫해인 2009년 8월 전기료 절감 노하우를 모르던 우리 아파트는 약 8.5억 원의 전기료(세대 3.28억, 공용 5.21억) 통지서를 받았다. 문제 해결을 위해 여러 방안을 탐색한 뒤로는 2011년 8월 6.88억 원(세대 3.03억, 공용 3.80억)에 이어, 2012년 8월 6.24억 원(세대 3.57억, 공용 2.64억)까지 꾸준히 전기료를 절감했다.

물론 2009년 전기료 폭탄을 맞은 데에는 2007년부터 발효된 공동전기 할증제가 큰 영향을 미쳤다. 이 제도는 우리 아파트처럼 공용설비가 많은 단지에는 치명적인 제도였다. 그해 우리는 500%의 할증 적용을 받았는데 부과된 5.21억 원 가운데 약 3.08억 원이 할증료였다.

관리비 폭탄을 맞은 직후 우리는 시공사와 협상하여 복도에 설치한 7천여 개의 3파장 전구를 전부 7와트 LED 전구로 교체하는 등 대책 마련에 부심했다(타워형 아파트는 한 층에 여러 세대가 방사형으로 배치되므로 세대를 잇는 복도가 필요하다. 이 복도에는 창이 없어서 24시간 조명을 밝혀야 한다. 타워형 아파트를 설계할 때는 사전에 복도 조명에 대한 대책까지 마련해두는 게 좋다. 일부 아파트는 이 문제를 해결하기 위해 조그만 채광창을 내기도 한다. 그런데 이 채광창으로 들어오는 햇볕이 여름철 복도 온도를 상승시키는 또 다른 문제로 이어진다는 점을 기억하기 바란다.).

공용 설비는 조명보다 훨씬 많은 전기를 잡아먹었다. 어떻게든 효율적인 운영 방안을 찾는 것이 관건이었다. 무턱대고 관리회사에만 맡겨둘 수도 없는 상황이었는데, 아파트 관리직원들도 이런 설비는 처음 접해본 까닭이다. 나는 두 팔을 걷어붙이고 시공사, 관리실의 설비 담당자들과 함께 최적의 운용 방법을 모색했다.

흔히 주차장 조명, 관리실 에어컨처럼 겉으로 보이는 설비가 전기료 할증의 주범으로 오인되기 쉬운데 사실 밀폐형 건물의 경우는 감춰진 곳에 배치된 다양한 시설물이 공용전기 사용량의 50% 이상을 차지하기 마련이다. 어떤 설비가 전기 먹는 하마인지 알아보자.

187

강제환기(급배기) 장치, 배출은 24시간 공급은 간헐적으로

밀폐형 건물에는 필수적으로 강제환기 시스템이 딸려 있다. 강제환기 시스템이란, 각 가정의 욕실과 주방에서 발생하는 오염된 공기를 밖으로 배출하고, 배출된 만큼 바깥 공기를 실내로 공급하는 순환장치를 말한다. 그러나 이 장치를 단순히 환풍기쯤으로 생각해서는 오산이다. 외부 공기를 실내로 공급하기 위해서 2중 공기필터(오염물질 제거용)와 가열/냉각장치(외부의 공기를 실내 온도에 가깝게 데우거나 식혀주는 장치)를 갖추고 있으며, 반대로 오염된 실내 공기를 대기로 방출하기 직전에 냄새를 제거하는 탈취장치까지 장착하고 있기 때문이다. 따라서 급기 설비(실외 공기를 실내로 들여보내는 장치)에는 송풍기 전기료 이외에 필터 교체비용과 에어컨 가동전기료(여름철), 난방비(겨울철)가 추가로 발생하며 배기 설비(실내 공기를 실외로 내보내는 장치)의 탈취 설비는 기본 전기료 이외에 3중 필터(기름 제거, 자외선

강제 급기 장치. 실내로 공기를 불어 넣는 장치다. 빗금으로 칠한 배관이 가열장치로, 열병합발전소에서 보내오는 온수를 이용하여 실내에 공급되는 공기를 데워준다.

분해, 탈취) 교체비용이 소요된다. 이러한 비용은 전체 공용전기료의 50% 정도를 차지하므로 우리 아파트에서는 급배기 가동에 필요한 비용을 줄이는 것이 최대의 관심사였다.

강제 급기 장치의 문을 열면 대기의 오염물질을 제거하기 위한 이중필터가 설치되어 있음을 볼 수 있다. 사진은 1차 필터를 제거하면 나타나는 내부 2차 필터의 모습.

여름철 외부에서 유입되는 뜨거운 공기를 냉각시키기 위한 냉매 압축기.

절전 방안 | 처음, 설계된 값에서 출력을 제어하는 방법을 고려했다. 이를 위해서는 모든 설비(모터)에 출력 제어를 위한 인버터가 설치되어 있어야 한다. 그러나 인버터를 통해 출력 값을 임의적으로 조절하면 기압이 고르게 배급되지 않고 한쪽으로 치우칠 수 있어 위험하다. 이런 위험 부담 때문에 일정 시간만 환기하는 방법을 탐색했다.

실험 1 : 5시간 정지

식사 시간을 제외한 낮 시간에 하루 5시간씩 급배기를 모두 꺼보았다. 그런데 세대 사이를 관통하는 급배기 배관에 밸브가 없어서 이웃 세대의 냄새(특히 담배 냄새)가 관을 타고 유입되는 현상이 발생하여 민원이 제기되었다. 실험은 실패.

실험 2 : 배기 24시간 가동 + 급기 간헐 운전

냄새 역류를 방지하기 위해 공기 배출은 24시간 운영하되, 공기 공급은 식사 시간대를 제외한 낮 시간대 일시 중지하는 방식으로 운영했다. 생각보다 효과가 괜찮았으며 특히 약 30%의 전기료를 절감했다. 또한 여름철에는 냉각기를 가동하지 않기로 하고, 겨울철에만 가열장치를 가동, 18~21도로 온도를 맞춰 실외 공기를 공급하고 있다. 한편 여름에는 냉각기를 끄고, 겨울에는 가열기를 가동하는 방법은, 겨울철에는 극심한 실내 건조를 일으키는 원인으로 지목되는 동시에 여름철에는 습기를 예방, 곰팡이가 거의 없는 이점을 제공하기도 한다.

LED 전구로 갈아타려면

LED 전구는 장시간 켜두는 장소, 즉 전기소모량이 많은 곳을 우선적으로 교체해야 전구 비용을 빨리 회수할 수 있다. 전기료는 싸지만 전구 값이 비싸기 때문이다. 각 가정에서도 전기 절약을 위해 LED 전구로 교체하는 경우가 많은데 이때 전구 값 회수에 걸리는 시간을 계산해 보면 약 3년 정도임을 알 수 있다(LED 전구 값을 14,000원으로 가정하고, '점등시간 × 절약 전기량 × 단가'로 삼파장 전구와 LED 전구를 비교하여 얻은 답이다.).

수랭식 에어컨, 전문 인력의 노하우가 필요

우리 아파트에는 국내 최초로 수랭식 에어컨이 설치되었다. 보통의 타워형 아파트에는 에어컨 실외기를 설치하기 위해 외벽 일부에 환기용 격자문을 설치하여 별도의 에어컨룸을 마련해 둔다. 그런데 이곳은 먼지가 잘 쌓여 실외기를 놓는 용도 외에는 다른 식으로 전용할 수 없고 완전 밀폐도 곤란하여 겨울철 찬바람이 내부 격문을 뚫고 들어오기도 한다. 또한 타워형 외벽 한 부분을 차지하기 때문에 유리창을 설치할 수 없어 조망권이 떨어진다. 반면 수랭식 에어컨은 냉각탑을 놓기 때문에 에어컨 효율이 높고 공간 활용에 이점이 있다. 그러나 냉각수 계통 설비를 추가로 설치하기 때문에 비용이 많이 든다는 단점이 있다.

수랭식 에어컨에 필요한 옥상 냉각탑과 냉각
수 순환장치. 냉각수를 공급하기 위한 펌프
로, 기계실마다 75kW짜리가 총 3대 있다. 3
대 중 1대가 번갈아 가며 자동으로 운전된다.

　어쨌든 수랭식 에어컨을 설치했다면 미우나 고우나 효율적으로 써
야 할 텐데 이 방식에는 근본적인 약점이 한 가지 있다. 일부 세대만
사용하더라도 거대한 냉각 시스템을 가동시켜야 한다는 점이다. 따
라서 가동시기의 조절이 전기료 절약 포인트가 된다.

　입주 첫 여름에 전기료 할증이 붙은 데에는 강제급배기의 운전 조
건을 제대로 설정하지 못한 것도 한몫을 했지만 이보다는 수랭식 시
스템의 설계 오류가 주요한 이유였다. 일정한 온도 이하의 냉각수를
공급하기 위해서는 냉각수 온도가 올라가면 빨리 순환시키고 온도가
내려가면 느리게 순환시키는 냉각수 제어 시스템이 필요하다. 이 역
할을 담당하는 것이 인버터인데 최초의 인버터 값을 설계한 사람이

계산을 잘못한 것이다. 아마도 그는 '각 세대에서 에어컨을 사용하면 에어컨에 달린 냉각수 밸브가 열리는 구조이므로 에어컨을 사용하는 가정이 많을수록 더 많은 냉각수 밸브가 열려 배관 압력이 낮아질 것이다. 그렇다면 이때는 출력을 높여야 한다'고 생각하고 설계한 모양인데 이것이 예측대로 작동하지 않아 결국 자동제어에 실패했다. 설계자의 계획대로라면 에어컨을 사용하는 세대수에 비례하여 냉각수 순환 펌프의 출력이 자동으로 바뀌어야 하는데, 한 가구가 에어컨을 틀건 천 가구가 에어컨을 틀 건 냉각수 순환 펌프의 출력은 100% 가동되고 있었다. 그해 여름 내내 75kW의 펌프 모터 10대가 24시간 돌아갔으며 전기 사용량이 하루에 18천kWH(한 달 54만kWH)나 되었다. 그런데 이런 오류를 첫 여름에 누가 알 수 있었겠는가. 나중에 확인해 보니 최대 회전수의 1/8 rpm으로 회전을 시킬 정도의 적은 출력으로도 에어컨은 무리 없이 작동했다. 비유하자면 자동차의 시동만 걸고 있어도 차가 굴러가듯이 에어컨도 최소한의 출력만으로도 잘 돌아갔다는 말이다. 그래서 결국 자동 제어를 포기하고 방제실에서 최저 출력으로 운전시키면서 냉각수 온도를 모니터링하여 출력을 변화시키는 방식으로 변경했다. 수동 제어로 인해 절약되는 전기 사용량은 한 달 약 13만kWH였으니 2009년 8월 기준 금액으로 따지면 한 달 약 5천만 원에 해당한다.

주차장 조명, 최저조도 수준으로 낮추기

주차장은 너른 면적에 비해 이용시간이 낮은 공간이다. 차가 한꺼

번에 빠져나가는 출근시간 이외에는 종일 한가하지만 그렇다고 무작정 소등할 수도 없어 불필요하게 전기를 소모하게 된다. 이런 문제를 해결하기 위해 시공사는 시간대에 맞춰 조명 밝기를 자동으로 조절하는 장치를 설치했다. 하지만 이 장치는 본래의 취지와 무관하게 쓸모가 적었고, 또한 최대 밝기를 기준으로 설계되었기 때문에 전기 소모량이 컸다. 그래서 우리는 자동조절 장치를 꺼둔 채 전체 전등의 1/4만 켜서 최저조도 수준을 유지하는 것으로 운영 방침을 바꾸었다. 한편 우리 아파트 주차장은 바닥이 회색 에폭시로 도장되어 있기 때문에 조명 숫자에 비해 주차장 전체가 환하다는 장점이 있지만 빗길처럼 난반사가 많아 표지판 구별이 쉽지 않다는 단점이 있는데 참조해둘 사항이다.

주차장을 못 찾는 외부인을 위해

한편 대형 아파트는 외부인이 주차장을 찾지 못해 길을 헤매는 경우가 빈번하다. 동대표들이 시험 삼아 낯선 다른 동에 출입하면서 외부인의 입장에서 표지판 내지는 출입 동선, 반사경 같은 안전시설, 보행통로 등을 점검하여 보다 쉽게 접근할 수 있도록 체크할 필요가 있다. 특히 주차장 입구가 눈에 띄지 않는 경우가 많은데 작더라도 주차장 앞에 점멸등을 설치하면 비교적 쉽게 식별이 될 수 있다. 한편 동별로 색깔이 다른 등을 설치하면 거주자가 방문객에게 설명하기도 쉽고, 찾기도 쉽다.

고속 엘리베이터 운영, 편의보다는 비용 중심으로

고층건물에는 고속엘리베이터가 필수적이다. 일반 엘리베이터는 속력이 60~80m/min에 그치지만 우리 아파트에 설치된 엘리베이터는 저층용 180m/min, 고층용 240m/min의 속력을 갖고 있다. 보통 저층부 2~3대, 고층부 2~3대를 나누어서 운용하게 되는데(우리 아파트의 경우 3대씩) 특수 엘리베이터여서 설치비도 일반 엘리베이터의 10배에 이르고, 전기 사용량도 높고 부품 값도 대단히 비싸다(보통의 엘리베이터는 내려올 때 중력을 이용하지만 고속 엘리베이터의 경우는 더 빨리 내려오기 위해서 아래쪽에도 잡아당기는 케이블을 설치한다. 이런 것들이 설치비를 10배 이상 높이는 원인이며, 유지보수비 또한 일반 엘리베이터보다 비싸다.).

또한 고속엘리베이터에는 에어컨도 설치되어 있는데 이에 대해서는 주민의 의견이 분분하다. 기껏 1분 정도밖에 타지 않으니 에너지 절약을 위해 에어컨을 끄자는 의견과 고급 아파트의 이미지에 맞게 에어컨을 가동해야 한다는 의견이 대립한다. 이에 대한 타협 방안을 찾으려면 외부 기온과 습도에 따라 환풍기와 에어컨의 가동을 잘 조절할 필요가 있다. 또한 고속엘리베이터의 특수한 운영 방식에도 조정이 필요하다. *1부에서 설명했듯이 고속엘리베이터는 3대가 한 세트로 묶여 사용자가 없으면 한 대는 최상부에, 한 대는 1층에, 한 대는 중간에 위치해 있다가 가장 가까운 곳의 엘리베이터가 움직이도록 되어 있다. 최상부 엘리베이터가 호출되어 1층으로 이동하면 1층에 있던 엘리베이터가 최상부 대기 엘리베이터와 역할을 교대하기 위해 자동으로 최상부로 이동하는 방식이다. 이때 전기 소모를 줄이기 위해 기다리는 시간이 다소 길어지더라도 이용자가 적은 낮 시간대에는 엘리베이터 1대의 가동을 중지시키고 있다. 또한 심야 시간대와 같이 사용이 거의 없거나 10분 이상 사용 고객이 없는 경우 자동으로 에어컨을 비롯한 모든 전기가 차단되도록 설정되어 있다.

*주 : 군(群)제어 엘리베이터

대규모 오피스 빌딩이나 고층 아파트에는 하나의 호출에 대해 여러 대의 엘리베이터가 보조를 맞추어 운행하는 군제어 엘리베이터가 설치된다. 군제어 시스템에는 가장 가까이 있는 엘리베이터가 호출되는 비교적 간단한 방식인 듀플렉스 시스템(최대 3대까지 제어 가능하고 보통 2대에 적용)과 가장 빨리 도착할 수 있는 엘리베이터가 호출되는 퍼지 제어 시스템이 있다. 둘 다 빠른 이동과 에너지 절약을 위해 개발된 것으로 다음과 같은 조건에서 각각의 시스템은 다른 방식으로 대응한다.

조건 : 엘리베이터 A, B 2대가 1층에 서 있고 승객들이 A에 탄 후 일부는 5층, 나머지는 6층에서 내린다. 그런데 엘리베이터 A가 3층을 통과할 때 10층에서 호출이 왔다.

- 듀플렉스 시스템 : 무조건 거리상 가장 가까운 엘리베이터가 호출된다. 현재 3층에 있는 엘리베이터 A가 거리상 가까우므로 10층으로 호출된다. B는 1층에서 대기한다.
- 퍼지 시스템 : A가 3층을 통과할 때 10층에서 호출이 떨어졌으니 거리상으로는 A가 가깝지만 5층과 6층에서 정지해야 하므로 대기 중인 B가 호출되

어 10층으로 향하게 된다(퍼지 시스템은 마치 완행/급행열차를 동시에 운행하는 것과 같다. 그때그때 상황에 따라 도착 시간의 계산이 달라지기 때문에 엘리베이터 A가 호출되는 것으로 불이 들어왔다가 다른 엘리베이터로 변경되는 경우도 자주 발생한다.).

고속 엘리베이터 냉각용 에어컨 에너지 절약 방안

고속 엘리베이터는 강력한 모터를 이용하므로 많은 전기를 소모하고 그로 인해 제동장치, 구동장치, 제어장치에서 많은 열이 발생한다. 밀폐형 건물의 특성상 이때 발생한 열을 또 다시 냉각시키기 위해 상부 기계실에 에어컨을 설치, 24시간 켜두게 되는데 전기료 차원에서 보면 이중 낭비가 아닐 수 없다. 나는 시공사에 요청하여 외부와 연결되는 덕트를 설치, 외부 기온이 낮아지면 에어컨을 끄고 찬 외부 공기를 기계실로 압송하여 가열된 엘리베이터 설비를 냉각시키도록 했다. 단순히 창문만 내서는 실내의 공기가 외부로 빠져나가 굴뚝효과를 가중시키기 때문에 반드시 송풍기를 통해 실외 공기를 기계실로 불어 넣도록 해야 한다. 이런 조치 덕분에 50평형 에어컨의 사용량을 대폭 줄일 수 있었다.

또한 기계실 냉각을 위해 설치한 에어컨의 실외기가 옥상 외부에 노출되어 있었는데 이 에어컨은 한여름에 사용토록 설계된 탓에 외부 기온이 10도 이하로 떨어지면 가동을 멈추도록 설정되어 있었다. 이런 사실을 모르고 맞이한 어느 겨울에, 에어컨 가동이 중지되어 기계실 온도가 크게 오르는 바람에 주요 부품이 망가진 적이 있었다. 건물을 설계할 때 이를 참조하여 겨울에는 에어컨을 사용하지 않을 수 있도록 조치하고, 엘리베이터 기계실 온도를 방제실에서 원격 파악할 수 있는 감시설비를 마련할 필요가 있다.

평수에 따라 관리비를 내는 게
과연 공평한 방법일까?

　일반적인 아파트에서는 공용관리비를 배분하기 위해 평형비례(평수에 따라 관리비를 배분하는 방식) 방식을 사용한다. 일반 아파트에서는 한 동에 하나의 평형만 배치되는 경우가 많고 공용관리비가 많지 않아 이런 배분 방식이 큰 문제를 일으키지 않지만 타워형 아파트의 경우는 공동 관리비 부담이 크고 한 층에 다양한 평형이 배치되어 있기 때문에 단순 평형비례 방식은 형평성 문제를 일으킨다. 이런 문제를 해결하기 위해 몇 가지 새로운 배분 방식을 제시한다. 그러나 이 방법은 예외가 발생할 가능성이 높기 때문에 그 기준을 명확히 해야 한다.

층수가 다르면 엘리베이터 전기료도 달라야 한다

　평형 배분 방식의 맹점은 2층에 사나 20층에 사나 똑같은 전기료를 내야 한다는 사실이다. 같은 층에 사는데 평수가 다르다는 이유로 엘리베이터 전기료를 더 내는 것을 이상하게 생각해 본 적이 없는가? 평수는 다를 수 있지만 거주자 수가 같다면? 나아가 거주자 숫자가 같아도 엘리베이터 이용 횟수가 다르다면? 각 세대의 엘리베이터 이동 거리를 계산하면 쉽게 답을 구할 수 있겠지만 그건 현실성이 없는 방안이다.

이런 문제를 원만하게 해결하기 위해 여러 방안을 고려했는데 거주자 기준, 층수 기준 등의 방법이 제시되었다. 그런데 거주자를 기준으로 할 경우에는 거주자가 모두 직장인으로 아침에 출근하면 집이 항상 비어 있는 세대, 거주자는 적지만 방문자가 많은 세대처럼 거주자 자체만으로는 공평하게 분류할 수 없는 경우가 많아 제외되었다. 대신 층수 비례 방식이 그나마 분란이 적고 합리적이라고 판단되었다. 엘리베이터 전기료를 층수비례로 배분하기 위해서는 우선 엘리베이터에 전용 전기계량기가 설치되어 있어야 하고, 층별 배분 방식에 대한 이해가 뒤따라야 한다.

층별 배분을 위해서는 지수 개념을 도입해야 한다. 해당 층수의 지수는 '자신의 층수÷합계(층수)'의 방식으로 구한다. 예컨대 5층 건물인 경우 합계(층수)를 구하려면 1층부터 5층까지를 모두 더해 $1+2+3+4+5=15$를 먼저 구하고, 이후 자신의 층수가 합계에서 차지하는 비중을 구하면($n/15$, n=자기 층수) 그게 각 층이 부가해야 할 전기료의 비중이 된다. 즉 1층은 전체 승강기 전기료의 $1/15$, 2층은 $2/15$, 3층은 $3/15$의 전기료를 부담하는 방식이다. 전체 운행거리를 기준으로 계산하는 방법이므로 만약 지하층에서부터 운행한다면 1층을 2층 혹은 3층으로 전환한다. 이후 이렇게 계산된 해당층의 전기료는 해당층 세대수로 다시 배분한다. 평형 배분에 비해 계산이 복잡하지만 층수 비례 배분이 필요한 단지는 참고하기 바란다.

강제급배기 전기료, 집이 크다고 더 쓰는 건 아니다

강제급배기는 공용전기료이므로 초기에는 각 세대의 평수에 따라 배분을 했다. 이 경우 1평에 얼마 하는 식으로 전기료가 부가되고, 이를 각 세대의 평수에 곱하여 전기료를 받는 방식이다. 이후 70평형 이상의 펜트하우스를 제외한 모든 세대에 동일하게 250cm³/min의 용량으로 공급되도록 설계되어 있다는 사실이 알려진 후, 이를 기준으로 공급량 비례로 변경하였다. 펜트하우스는 2배의 용량으로 공급되기 때문에 역시 2배로 계산하였다.

세대 에어컨 냉각수 전기료

냉각수 전기료를 배분하는 방식은 설치된 계량기가 에어컨 전기계량기냐 냉각수량 계량기(수도계량기)냐에 따라 달라진다. 기술적으로 보면 냉각수량 계량기의 설치가 목적에 맞지만 배관의 수명이나 설치 단가를 따져 보면 전기계량기의 설치가 유리할 수 있다. 한편 계량기가 없는 경우 *에어컨 가동시간을 측정해서 부과하는 방법을 고려해 볼 수 있다. 다만 냉각수 순환 계통은 수도와 달리 모든 세대가 사용하지 않더라도 냉각수 온도 검출을 위해 순환을 멈추지 않는다. 따라서 기본료의 개념이 도입되어야 하는데 우리 아파트는 30%를 기본료로 계산하여 평형비례로 배분하고 있다.

평형비례로 배분하는 30%를 제외한 나머지 70%의 냉각수 전기료는 냉각수 펌프 가동기간과 정지기간으로 구분하여 다음과 같은 계산식에 따라 배분한다.

세대 배분 기준 = 가동기간 세대전기 사용량 − 정지기간 세대전기 사용량 평균

이 기능은 다른 아파트에는 필요치 않은 기능이다. 그러나 이 기능 외에
도 아파트에 살면서 필요하다고 느끼는 기능을 큰 어려움 없이 구현할
수 있다는 점을 알려드리기 위해 소개한다.

우리 아파트에는 냉각수 계량기와 에어컨 전기계량기가 없다. 또한 이
미 건설이 완료되었기 때문에 새로 계량기를 설치할 수도 없다. 이때 홈
넷패드에 남아 있는 에어컨의 ON/OFF 시간 정보를 서버에 저장할 수
있다면 냉각수 펌프 전기료를 배분할 수 있는 기준으로 삼을 수 있다. 따
로 자재를 설치할 필요가 없고, 오로지 소프트웨어만 간단히 수정하여
업그레이드하면 끝나기 때문에 현실적으로 가장 적절한 대안이라고 판
단된다. 다만 우리 아파트의 경우, 아쉽게도 제작사인 Y전자의 거부로
무산되었다.

본인 역시 20여 년간 소프트웨어 개발 일을 하면서 다양한 경험을 하였
는데 이러한 소비자 요구를 소프트웨어에 반영하지 못하는 데에는 2가
지 이유가 있다.

하나는 돈이 안 되기 때문이다. 현재 제품이 문제없이 운영되고 있는데
큰돈도 되지 못하는 상황에서 굳이 인력을 투입해야 할 필요성을 못 느낄
뿐더러, 대기업 자신들이 직접 해결하는 것도 아니고 건설회사, 전자회
사, 계열 SI업체를 거쳐 다시 하청업체까지 업무를 내려보내려면 너무나
복잡한 단계를 밟아야 하기 때문이다. 그들 입장에서 사소한 일 한 가지
로 라인 전체가 움직이는 것이 부담스러운 것이다. 그렇다고 소프트웨어

를 개발한 회사와 소비자가 직접 접촉하면 좋겠지만 중간 업체에서 연결시켜주지 않는다. 모든 업무는 단계를 밟아야만 하기 때문이다.

또 다른 이유는 많은 개발자들이 그렇지만 소비자의 요구를 제대로 인식하지 못하기 때문이다. 개발자들은 자존심이 강하고 혼자만의 판단에 의해 개발을 하는 경우가 많다. 개발자는 소비자의 입장과 달라서 소비자가 무엇을 불편해 하는지 잘 모를뿐더러, 이런 개선사항을 얘기하면 마치 자신이 개발한 제품에 대해 혹평을 하는 것으로 받아들이는 경향이 강하다. 일종의 매너리즘이다. 어쨌든 이와 관련하여, 해결책은 제시하지 못했지만 참조 사항으로 여기면 좋겠다.

관리업체 계약,
글자 하나가 모두 돈이다

아파트 수선 유지에서는 두 가지가 중요하다. 1) 기준을 정하고 2) 입찰과 계약에 대해서 잘 아는 것이다. *참고로 현재 개정되는 주택법 및 시행령에 따르면 최저가 입찰제도의 맹점 때문에 앞으로는 평가가 가능하도록 될 것 같다(2014년 현재 적격심사제가 시행중이다.). 우리 아파트는 입주 3년밖에 되지 않고 시설물이 많은 곳이라 경험이 부족하여 입찰과 계약을 맺을 때 많은 시행착오를 거쳤다.

*주 : 주택법 및 시행령 개정 관련

앞으로는 주택법 및 시행령이 개정되어 업체 평가도 가능하게 되었는데 이렇게 되면 업체 평가 항목의 설정과 그 배점 및 평가 방법의 결정에 많은 어려움이 따를 것으로 예상된다. 필자가 생각하는 평가 항목은 아래와 같다.

관리회사

비용 : 인건비, 위탁관리수수료, 인력 구성 및 적정성, 하자 발췌 및 보수 대책, 이직 방지 방안

지원 : 관리경험, 본사지원 방안(기술, 관리, 법률), 커뮤니티 운영 방안

기술 : 현 관리문제점, 제안사항, 인력 구성 및 적정성(자격증, 각종 첨단 시설 운영 경험)

보안회사

인건비, 운영방안, 인력구성, 근무형태, 출입자 통제(정문, 건물, 주차장 등등), 단지 순찰

미화회사

인건비, 인력 운영, 각종 취약지역 관리방안(로비, 엘리베이터, 층계)

이렇게 평가 항목을 구분하고, 이후 각 항목별로 배점을 부여한 뒤 입대의 및 자문위원이 평가를 마치면 배점과 곱하여 최종점수를 산정하는 방법이 좋을 것 같다. 다만 각 평가 방법은 주민의 참여가 중요하다. 그러나 입대의와 함께 고민하고 평가하기에는 무리가 따르므로 각자 선호하는 회사에 투표하여 순위를 매기는 방법을 추천한다.

담합이 비용을 높인다

엘리베이터 유지보수는 법정 항목으로 반드시 유지보수 계약을 체

결해야 한다. 우리 아파트에는 지하 주차장과 지상구간을 운행하는 셔틀 엘리베이터 4대와 관리동 1대 그리고 각 동 내부에 설치된 승객용 엘리베이터 32대, 화물용 4대가 설치되어 있다. 입주 1년 후 유지보수 계약을 위해 입찰을 실시하였다. 입찰을 실시하기 이전에 시장조사를 위해 주변의 전문 유지보수 업체에 자문을 구하여 유지보수 업무와 단가에 대해 대략적인 설명을 들었는데 비용을 낮출 수 있겠다는 생각이 들어 입찰 참여를 부탁했다. 그런데 정작 입찰을 실시하니 엘리베이터 제작업체와, 자문을 구했던 전문업체 단 2곳만 응찰하였는데 문제는 입찰가였다. 자문 당시 입수했던 비용이 아니라 제조업체보다 월등히 높은 가격으로 응찰을 한 것이다. 제조업체의 압력에 들러리를 선 것으로 판단되었다. 2년 후인 2012년 8월 다시 유지보수 계약을 위해 입찰을 실시했는데 제조회사는 2만 원 인상된 가격에 그리고 다른 여러 유지보수 업체는 제조회사보다 더 높은 가격에 응찰했다. 들러리 입찰이 눈에 뻔히 보였다.

  이런 상황은 청소차 입찰에서도 비슷했다. 우리 아파트는 지하 주차장이 3만 평씩 2개 층으로 구성, 총 6만 평의 규모인데다 눈이라도 오면 자동차 바퀴에 묻은 오염물질이 바닥을 더럽히며, 바닥이 밝은 회색이다 보니 더 지저분해 보인다. 이런 이유로 청소차의 필요성이 대두되어 입주 초기 충전식 대형 탑승식 청소차 1대, 중형 탑승식 1대, 소형 보행식 1대 등 모두 3대의 청소차를 6개월간 임대하여 사용했다. 그러다가 관리실의 요청에 따라 구입을 의결하였고 입찰 과정을 통해 임대하던 청소차 3대를 그대로 구입했다(입찰가만 보고 구매를 판단한 것이다.). 그러나 2년이 경과한 지금 중고로 구입한 대형 청소차는 잦은 고장과 배터리 방전으로 매달 수리비가 과도하게 발생했다. 무엇이 문제였는지 중고 청소차 시세를 확인해 본 결과 당시 3~4년이나 된 중고 청소차의 구입가격이 신차의 70%에 육박하는 터무니없이 높은 가격임을 알게 되었다. 업체 간 담합이 없고서는 있을 수 없는 입찰이라고 판단된다.

꼭 입찰이 아니어도 견적을 받을 때부터 이미 업체끼리 입을 맞춰 두는 경우도 있는 것 같다. 추위에 약한 수목에 월동을 위한 볏짚 옷을 입히기 위해 시장조사를 벌인 적이 있었다. 당시 우리 아파트 조경 시공업체를 포함하여 몇 곳이 견적을 보내왔는데 대략 가격이 1,200~1,400만 원에서 형성되었다. 한 동대표가 뭔가 짚이는 게 있었는지 인터넷 검색을 통해 알게 된 한 업체에 연락했더니 견적 비용이 600만 원으로 회신이 왔고, 그 업체와 계약을 맺었다.

입찰이든 견적이든 업체들끼리 사전에 협의를 하거나 정보를 공유하는 경우는 매우 흔한 것 같다. 업체끼리의 담합에 속지 않으려면 꾸준히 정보를 모으며 대비할 수밖에 없다.

입찰자격 제한, 어떻게 할 것인가?

다음 내용은 재활용품 수거 입찰 공지문의 일부이다. 입찰자격을 제한하는 제한경쟁입찰임을 알 수 있는데 어떤 부분이 문제가 있는지 자세히 보기 바란다.

〈입찰 공지문〉

2. 참가자격 :

가. 재활용품 수거등록업체, 폐자원 협회 등록업체

나. 폐기물 처리시설 설치 신고를 필한 업체(사업주 동일명의 계열사 포함)

다. 공고일 현재 1,000세대 이상 아파트 단지 2개 이상 실적이 있는 업체

라. 공고일 현재 1000평 이상의 처리 시설을 보유한 업체

마. 매주 3회 이상 월, 토요일까지 수거 가능한 업체

언뜻 보기에 아무런 문제가 없어 보인다. 그러나 '라' 항을 보면 '1000평 이상의 처리시설을 보유한 업체'라고 자격을 한정하고 있다. 재활용품수거는 특별한 기술이나 자격을 요하는 게 아니라 쌓인 재활용품을 정해진 시간에 제때 수거하는 것이 핵심이다. 따라서 진입장벽을 높일 필요가 없는 경우에는 자격 요건을 대폭 완화하여 여러 업체가 참여할 수 있도록 유도하고, 특수한 기술이 필요한 부분에 대해서는 그 필요한 기술이 어떤 기술인지 잘 파악하여 명확한 기준으로 기술력이 낮은 업체를 제한하는 것이 핵심이다. 이런 사소한 제약조건 하나가 입찰 결과에 엄청난 영향을 미치게 된다.

입찰 전 업체 고르기 위한 사전 조사

입찰을 통해 관리회사를 선정할 때 흔히 '제한경쟁입찰'을 많이 활용하는데 이때 입찰 공지 문구 선정에 어려움을 겪는 경우가 많다. 제한경쟁입찰 방식에는 '사업실적', '기술능력', '자본금' 등을 제한하는 조항을 삽입할 수 있는데 흔히 삽입하는 입찰조항은 '층수 00층 이상', '세대수 000세대 이상', '관리면적 0000평 이상'인데, 초고층 아파트의 경우 전국에 아파트가 몇 채 안 되므로 너무 협소하게 설정하면 입찰할 수 있는 회사가 극히 줄어든다. 필자의 경우 국토해양부에서 운영하는 아파트 입찰공지 사이트(www.k-apt.net)에서 기본적인 조항들을 찾아본 후 대형 관리회사 10군데를 인터넷에서 무작위로 추출하여 팩스로 질의 후 답변을 받아 보았다. 질문을 던질 때는 '( )층 이상 관리 업체', '관리면적 ( )제곱미터 이상', '단지 ( )개 이상' 등과 같이 괄호에 숫자를 넣을 수 있도록 하여 해당 업체가 우리 아파트를 관리할 수 있는 곳인지 답변을 들었다.

물론 자사의 특징과 장점을 추가로 기술하도록 하는 것도 잊지 않았다. 이로 인해 간략하나마 각사의 특징을 알 수 있었고 무엇보다 각 회사의 적극성을 알 수 있었다. 답변서를 달랑한 장 보내오는 회사도 있었지만 꼼꼼히 정리한 여러 장의 답변서를 보내오는 곳도 있었다.

'특허'가 있다고 품질이 좋은 건 아니다

기술력과 관련하여 '특허'를 앞세워 계약을 유도하는 경우도 많다. 그러나 '특허'라는 말은 걸러서 들을 필요가 있다.

예컨대 급배기 시설에는 필터가 필수적인 소모품이라 지속적으로 물건을 구매해야 한다. 그런데 급기 시설의 필터는 일반적으로 많이 사용되는 마이크로 필터여서 문제가 안 되지만 배기 시설에 쓰이는 필터는 탈취가 목적인 까닭에 설치업체들은 자신들이 특허 등록된 기술을 가지고 있다고 주장하며 자사 제품을 쓰라고 설득한다. 특허라고 하면 마치 기술력을 인정받는 KS나 UL마크 따위를 생각하는데 애플의 특허 소송을 통해서 알려진 것과 같이 특허란 제품 생산을 위한 새로운 기술 혹은 남과 다른 기술임을 의미하지 그것이 뛰어난 기술을 인정하는 것은 전혀 아니다. 즉 극단적으로 표현하면 필터에서 중요한 것은 필터링 효과인데 그 효과가 좋다는 것을 보증하는 게 아니라 그 필터를 나만의 방식으로 이렇게 만들었다는 내용을 증명해 주는 게 특허라는 말이다. 그런데 그걸 가지고 자사 제품의 우월성을 주장하며 영업하는 모습을 흔히 볼 수 있다. 주의할 일이다.

계약서에 숨어 있는 문구 하나가 천국과 지옥을 가른다

내가 동대표로 나서게 된 데에는 계약의 부당함이 컸다. 모든 계약이 다 그렇지만 입대의가 무심코 체결하는 계약서 한 장 때문에 아파트가 얼마나 큰 손해를 입는지 모를 일이다. 다음은 이전 입대의가 체결한 위탁관리계약서의 일부이다.

〈위탁관리계약서〉

제4조 (관리업무의 재위탁) "을"은 제3조에 명시된 관리업무 중 주택법시행령 별표5의 규정에 의하여 관계법령에서 인정하는 업무는 그 전문용역업체에 재위탁(재용역)시 "을"은 "갑"과 협의 후 "갑"의 승인을 받는다.

제7조 (용역의 대가)

1. 용역의 대가는 주택법시행령 제58조 제1항 각호의 비용(이하 "관리비"라 한다)과 도급금액으로 구분하되, 도급금액은 별첨자료에 의거 산출된 금액을 매월 지급하며, 관리인원 증감시 실비 정산한다. 단, 피복비 및 제비용은 입주자대표회의 의결로 실비 정산한다.

2. 제1항의 관리비 등은 관계법령 생산자물가상승률 및 도시근로자 임금 인상률을 감안하여 매년 "을"이 제안하고 "갑"이 주택법시행령 제51조 제1항 제2호의 규정에 의하여 결정한다.

제12조 (위탁관리기구 구성)

1. "을"은 관리사무소장을 총괄책임자로 하는 위수탁관리 기구를 "갑"의 관리사무소에 설치한다.

2. 위탁관리기구에는 생활문화지원실장 외에 다음 각 호의 인원을 둔다.

   A. 사무인력 : 6인

   B. 기술인력 : 21인

   C. 경비인력 : 46인

   D. 청소인력 : 41인

3. 위수탁관리기구의 인원은 "갑"과 "을"이 상호 협의하여 증감할 수 있으며, 인원증감에 따라 도급금액이 조정될 수 있다. 단, 감원 시에는 노동관계법령을 감안하여 구조조정의 감원과정의 기간을 3개월로 한다.

4. "을"은 계약기간 개시와 동시에 제2항에 의한 직원을 필요한 장소에 배치하여 관리업무를 수행하여야 한다.

5. "을"은 근무 분야별 직원에 대하여 결원 발생 시 지체 없이 충원하여야 한다(7일 이상 결원 시에는 해당하는 일수의 금액을 일할 계산하여 도급금액에

서 공제하여 지급한다.).

제20조 (계약의 해지)

1. "갑"과 "을"은 다음 각 호의 사유가 있을 때에는 계약을 해지할 수 있으며, 그에 따른 손해배상을 청구할 수 없다.

   A. "을"이 재무상태, 보유 기술인력 및 장비 등의 서류를 거짓으로 작성하여 제출한 때

   B. "을"이 금품제공 등 부정한 행위로 계약을 체결한 때

   C. "을"이 등록말소 또는 영업정지 처분을 받은 때

   D. 관리부정 또는 "을"이 제시한 하자적출 일정관리계획서대로 내용을 이행치 않아 대표회의로부터 동일안건의 내용을 3회 이상 내용증명으로 시정조치요구를 받고도 이행하지 않았을 경우에는 계약기간 중이라도 대표회의에서 의결을 통해 해지할 수 있다.

언뜻 보면 아무런 문제가 없는 것처럼 보인다. 하나씩 따져보자.

먼저 제7조. 도급계약인데 인력 피복비를 별도로 지급하도록 되어 있고 실제로 지급했다. 도급계약의 취지에 맞지 않는 내용이었고 위탁관리수수료 이외에 기업이윤이라 하여 매달 700만 원씩 별도로 지불토록 계약되었으며 이 기업 이윤은 보안 및 미화 하청업체의 몫으로 지불된다고 한다. 애당초 계약 시 하청업체에 도급을 줄 계획이었으며 그 수익을 모두 주민으로부터 챙기려고 했던 계약으로 볼 수 있

다. 하도급을 주지 않고 관리회사에서 직영인력으로 운영하였다면 위탁관리수수료만 지불하면 되는데도 처음부터 의도적으로 하도급을 주었으며 그 이윤까지 보장해주었다.

다음 제12조 5항. 인력의 공백이 생길 경우 그에 대한 인건비를 지급하지 않는 것이 원칙인데 6일까지의 결원에 대해서는 인건비를 지불토록 되어 있다. 2년간 약 250명의 직원이 이직했고 이 조항에 의거, 실제 한 달 약 300만 원의 급여가 인력이 없는데도 지불되었다. 또한 관리회사는 1년 이내의 퇴사자에게는 퇴직금을 지불하지 않는다는 일반적인 규정에 따라 남은 퇴직금을 회사 수입으로 챙겼다. 우측 도표는 이러한 조항을 삭제한 후 인건비 지출을 비교한 것이다('현재 기준'이 조항 삭제 후를 말하는 것으로 삭제하기 전과 340만 원 정도 차이가 생긴다.). 이런 조항을 삽입했다는 것은 계약 업체의 농간에 놀아났거나 업체와 결탁되었다고 볼 수 있다.

마지막 제20조 1. D항. 위탁관리회사를 선정할 때 주민들은 혹시 모르니 중간평가(만족도 평가)를 통해 관리회사와의 계약을 존속할지 여부를 결정하자고 했고 당시 계약 책임이 있는 입대의 임원은 삼진 아웃제를 도입했으니 문제없다고 답변했다. 그러나 정작 계약서에는 '하자적출 동일 안건 3회'라고 되어 있었다. 주민은 기본적인 업무는 당연한 것이고, 그 이상의 만족도 평가를 하자는 것이었는데 실제 계약서에는 '하자 적출을 제대로 못했을 때'라는 조항을 다는 것도 모자라 그것도 동일한 건으로 3회라는 단서 조항까지 달면서 유명무실한 조항으로 만들었다.

분야	현재 기준		이전 기준	
	결원일수	공제금액	결원일수	공제금액
전기주임	8일	580,570	2일	145,143
시설기사	12일	824,030	6일	412,015
합 계		1,473,260		557,158
보안원 1	5일	395,211	0일	0
보안원 2	6일	461,081	0일	0
보안원 3	13일	922,171	7일	496,554
보안원 4	8일	592,841	2일	148,210
보안원 5	18일	1,251,501	12일	834,334
컨시어즈	1일	125,980	0일	0
합 계		3,748,785		1,479,098
미화원	6일	200,389	0일	0
합 계		200,389		0
누 계		5,422,434		2,036,256
차 액				3,386,178

　계약서 문구는 사소해 보이지만 글자 하나 차이에 따라 엄청난 차이를 가져온다. 모든 계약은 모든 동대표가 함께 공유하며 검토에 검토를 거쳐야 하고, 주민에게 사전 공개하여 문제점을 개선하는 것이 좋다. 또한 계약 자체에 문제가 없더라도 최종 사인 전에 계약서를 공개하는 것이 입대의의 신뢰를 확보할 수 있는 최선책이라 생각한다.

1년 미만 근무자 퇴직금 문제

위탁관리회사(보안업체, 미화업체 포함)가 최저 위탁관리비를 받고도 운영이 가능한 이유는 바로 퇴직금에 있다고 본다. 일반적으로 퇴직금은 입사 후 12개월이 경과하지 않으면 지급하지 않는데 128명 근무인력의 퇴직 현황을 조사해 보니 2년 동안 무려 250여 명의 직원이 퇴직했고 비교적 노령인 미화인력의 경우 정확하게 1년만 근무하고 퇴직한 직원이 약 20%에 달했다. 관리회사는 1년 이내에 퇴직한 직원에게 지급하지 않은 퇴직 적립금을 자신들의 숨겨진 소득으로 잡은 것으로 짐작되는데 2년 계약기간 동안 쌓인 이 금액은 약 한 달치 전체 인건비에 해당하는 것으로 추정된다. 게다가 관리회사의 계약이 1년 미만 남을 경우 퇴직금을 받을 수 없는 상황에 처하게 되므로 직원 채용에 많은 어려움이 따르고, 자칫 문제가 있는 직원이 채용될 수도 있다. 그러므로 계약이 만료되는 시점까지 근무하는 모든 직원에게는 퇴직금을 지급하는 조건으로 직원을 채용하는 게 바람직하다고 생각한다.

유지보수 계약이 필요한 설비, 그렇지 않은 설비를 구분하라

일반적인 아파트는 엘리베이터처럼 법으로 정해진 시설 외에는 유지보수 계약을 체결하는 경우가 거의 없다. 그러나 첨단 시설물을 갖춘 아파트는 각종 설비에 대한 유지보수 문제로 늘 골머리를 앓는다. IT기술을 접목한 공장 자동화 설비는 역사가 오래되어 운전요원이나 보수요원이 노하우를 많이 가지고 있지만 소방설비, 전력설비, 공조설비, 조명설비, 방범설비 등을 통합 자동 관리할 수 있는 IBS(Intelligent Building System)에 대해서는 노하우가 많이 부족한 상태다. 또한 이런 설비는 우리에게 편리함을 주지만 대신 많은 부품과 네트워크로 이루어져 있어 한 번 설치로 끝나는 게 아니라 지속된 점검과 보수가 필요하며, 간단한 고장으로도 건물 기능에 마비가 오기도 한다. 한번은 자동제어를 담당하는 PC가 고장을 일으켜 지하 저수조 수위가 자동 조절되지 않아 담당 요원이 수시로 들락거리며 밸브를 잠갔다 열기를 반복한 적도 있다. 이 때문에 첨단 설비를 구비한 아파트는 하자보수기간이 종료되면 유지보수 계약을 맺게 되는데 이것이 그리 간단한 문제가 아니다. 문제점을 하나씩 짚어 보자.

IT업계에서 통상적인 유지보수 비용은 판매가의 8~15%로 책정한다. 하드웨어의 점검과 소프트웨어의 무상 업그레이드를 포함한 비용이다. 우리 아파트에 설치된 CCTV 실시간 감시 시스템은 납품가가 약 4억 원이다. 여기에 10%의 유지보수료를 계산하면 1년에 4천만 원, 1596세대로 나누면 세대당 한 달에 약 2천 원의 비용이 든다. 이렇게 되면 100억 원짜리 엘리베이터 유지보수에 드는 비용보다 더 비싸다. 게다가 우리 아파트에 설치된 홈넷 시스템은 국내 최대인 Y전자의 제품인데 세대당 한 달에 1만5천 원의 유지보수료를 요구했다. 거기에 쓰레기 자동이송설비, 무인택배, 자동검침, 350대에 달하는 CCTV 등등 모든 첨단 시스템까지 합치면 유지보수 비용이 세대당 한 달에 5만 원을 훌쩍 넘긴다.

결론적으로 일부 유지보수가 필요한 부분에 대해서는 최소한도의 비용을 지불하면서 계약을 체결하고, 필수적인 설비가 아닌 경우에는 대체 설비로 바꾸는 것이 장기적으로 유리할 수 있다.

한편 최소한도의 유지보수를 위해서는 관리회사가 노하우를 갖추어야 하며, 이는 관리회사의 전문성, 경쟁력과도 직결되는 문제이다.

앞으로 업체 평가가 실시되도록 주택법이 개정되면 첨단 아파트에서는 적절한 유지보수를 실시할 수 있는 관리회사에 높은 배점을 두고 선정하여 비용을 절감할 수 있도록 유의해야 한다.

다만 관리회사는 이런 노하우를 가진 인력을 모든 단지에 상주시킬 필요는 없다고 본다. 본사에 기술지원팀을 두고, 주로 사용되는 OS인 마이크로소프트의 윈도우 계열 OS 및 SQL Server, Network 관리 등등에 대한 지식을 갖춘 팀을 상주시키면 충분할 것으로 판단된다. 실제로 차량 출입 시설에 대해 전혀 모르는 직원들 때문에 매번 힘들게 비싼 비용을 들여 업체 직원을 호출하면 문제의 원인은 못 밝히고 대신 '서버를 바꿔야 한다, 기판을 교체해야 한다'는 식으로 무작정 교체만을 요구하여 비용만 무는 경우가 많다. 이런 경우 차량 출입 설비에 대한 기본적인 노하우를 갖춘 본사 지원팀이 진단과 처방을 해준다면 그것이 관리회사 본연의 임무이고 회사의 신뢰도와 경쟁력을 높이는 방안이 아닐까 싶다.

관리회사는 무조건 규모가 커야 하나?

국내 최대 규모의 위탁관리회사와 상위권 위탁관리회사에 모두 위탁관리를 맡겨 보았다. 그리고 내린 결론은 운영에 관한 부분은 본사에서 도움을 받지 못하니 결국 회사의 규모는 무의미하다는 것이다.

일반적인 생각으로 위탁관리회사는 회사 자체에 각종 지원팀이 있어 아파트에 문제가 발생할 경우 쉽사리 해결책을 찾을 수 있을 것 같은데 실제로는 단 한 번도 제대로 된 도움을 받은 적이 없다. 예를 들어 컴퓨터로 제어하는 주차차단기 시스템에 문제가 생기면 어떤 문제인지 몰라 설치업체를 불러야만 해결되었다. 결국은 네트워크에 문제가 생긴 것으로 판정, 컴퓨터를 교체하고 말았다(불과 몇 달 전에 새 제품으로 교체한 컴퓨터였다.). 네트워크에 문제가 생기면 대규모 단지의 경우 라우터나 스마트 허브를 점검해 봐야 하고(장비 고장이 아니라면 포트를 옮겨 꽂았을 가능성도 있다.) 그것도 아니라면 추가로 랜카드를 설치하는 등의 조치가 필요하다. 그런데 컴퓨터와 네트워크, 윈도우 XP 혹은 윈도우 7 등의 OS로 구성되어 있는 첨단 아파트의 시설물을 제대로 점검할 수 있는 사람이 없다는 게 큰 문제다. 다만 대형 업체는 규모만큼 인력풀이 크기 때문에 관리소장을 비롯한 담당자가 미흡하다고 판단되면 쉬 교체할 수 있는 장점은 있는 것 같다.

나무에도 돈이 들어간다

조경수목의 법정 하자보수 기간은 2년이다. 대부분 입주 초기에는 세대 및 공용 시설물의 하자보수에 매달리느라 조경수목의 관리에 대해 등한시하기 쉽다. 그러다 하자보수가 얼추 끝나가는 3~4년쯤 되면 관리를 못한 조경수목이 고사하는 일이 벌어지고 이게 시공사와의 다툼으로 이어지는 경우가 많다. 조경수목은 심는 것도 중요하지만 관리가 더욱 중요하다. 입주 1년이 경과하면 전문적인 관리가 필요하다. 관리직원 중 조경사 자격을 갖춘 직원을 뽑거나 전문 업체에 맡겨도 좋다. 조경사를 보유하면 수시로 점검받을 수 있다는 장점이 있지만 월동준비, 농약살포, 전지작업을 하려면 전문 장비와 인력 동원이 필요하니 추가로 비용이 들어가는 것을 고려해야 한다.

부록

아파트에 대한
이해 높이기

유려한 외관으로 인기를 끄는 타워형 아파트

과거에는 아파트 각 세대가 옆으로 배치되어 병풍처럼 건설되는 판상형 아파트가 주를 이루었는데 현재는 각 세대가 사각기둥 형태를 이루는 타워형 아파트가 새로운 아파트의 대안으로 많이 건축되고 있다(각 세대는 면적이 다양하게 구성되어 있다.). 흔히 타워형 아파트를 주상복합 아파트라고 부르기도 하는데 이는 과거에 주상복합을 타워형으로 지은 데서 오는 혼선이다. 주상복합은 주거와 상가의 혼합형을 의미하므로 타워형 아파트와 전혀 다른 뜻이다.

타워형 아파트는 30층 이상의 고층으로 건설되는데 커튼월로 외벽

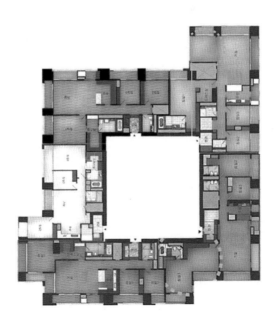

타워형 아파트 단면도(우리 아파트 타워동 세대 배치도.). 가운데 흰 부분이 복도와 엘리베이터 공간

을 마감하여 시각적인 만족감을 높이며, 첨단 시설물과 각종 공용시설(커뮤니티 공간)을 포함하고 있어 고급 아파트의 대명사로 불린다. 판상형 아파트에 대한 선호도가 높아진 것은 기존 판상형 아파트의 외관이 너무 단조롭게 보이는 것도 한 몫을 하고 있다. 반면 타워형은 고급스런 느낌, 세련된 느낌을 주면서 선호도가 높아졌다. 하지만 실용적인 면에서는 기존 판상형보다 뒤처지는 부분도 있다. 타워형 아파트의 장단점을 정리하면 아래와 같다.

장점

- 판상형의 경우 뒤에 배치된 동은 앞 동에 가려 일조권이 나쁜 경우가 있는데 타워형은 동 간 거리가 넓고 자유롭게 배치할 수 있어 상대적으로 일조권이 좋다고 알려졌다.
- 조망권이 좋다. 특히 고층으로 갈수록 전망(view)이 좋으며 펜트하우스라고 불리는 대형 평형은 상층부에 배치한다.
- 외관이 단조로운 판상형과 달리 건물 미관이 유려하다.
- 고층 건물 건설에 적합한 방식이다.
- 한 층에 다양한 평형을 넣을 수 있다.
- 비교적 적은 토지에 세울 수 있어 공간 활용에 유리하다.

단점

- 자연 환기에 어려움이 있다고 알려졌다(그러나 실제로는 고층부의 바람이 상당해서 굳이 맞창이 아니더라도 대각선으로만 창문이 배치되면

의외로 바람이 상당히 들어온다.).

- 30층 이상의 고층 아파트에는 굴뚝효과(연돌효과)가 발생하므로 밀폐형으로 건설해야 한다.
- 복도 면적이 의외로 커서 분양면적 중 전용면적이 줄어든다.
- 각 세대가 바라보는 방향이 다르기 때문에 가구별로 일조량 차이가 심하다.
- 방사형 평면으로 이루어진 경우 이웃집 실내가 보일 수 있다.
- 판상형 아파트에 비해 관리비가 높다.

건물 전체를 유리로 덮는다 – 커튼월(Curtain Wall)

요즘 건축물의 외벽은 대부분 커튼월로 마감한다. 커튼월이란 알루미늄 새시 뼈대에 통유리를 끼운 구조로, 모양이 미려하다. 63빌딩이 대표적인 커튼월 건축물이다. 커튼월은 다양한 착색유리를 사용하고 곡선을 자유롭게 부여하여 건축물을 돋보이게 하고, 건물 내부에서 외부 경치를 감상하기 좋다는 장점이 있다. 반면 유리가 단열에 취약하다보니 여름에는 덥고 겨울에는 춥다. 또한 커튼월 내부로 빗물이 스며들 경우 알루미늄 새시 속으로 빗물이 숨어서 흐르는데 10층에서 침투한 물이 1층에서 새는 경우도 허다하여 어디에서 물이 새는지 찾기가 어렵다는 단점이 있다. 그만큼 건설에 많은 노하우가 필요한 공법이기도 하다.

유리는 고층건물의 외부 풍압(바람)을 견디기 위해 일반유리에 비해 굽힘강도는 3~5배, 내충격성은 3~8배 높은 강화유리를 쓴다. 또

222
아파트 관리비의 비밀

한 단열을 위해 선글라스처럼 금속 성분을 유리 표면에 코팅한 로-이 (LOW-E) 유리를 꼭 써야 하는데, 이 금속 성분 때문에 건물 내부에서 마치 엘리베이터에 탄 것처럼 핸드폰이나 무전기가 잘 터지지 않는 현상이 발생하기도 한다.

굴뚝효과를 막기 위해 고층건물은 최대한 밀폐구조로 건축하게 된다. 쉽게 말해 창문을 내지 않거나 내더라도 닫았을 때 완전 밀폐가 가능한 구조의 창문을 설치해야 한다. 창문 상단은 고정되고 창문 아래쪽에 달린 손잡이를 바깥쪽으로 밀어서 경사지게 여는 창문을 프로젝트창이라고 하며, 반대로 창문 중간에 달린 손잡이를 안쪽으로 잡아당겨 여는 창문을 TT창이라고 부른다. 프로젝트창은 구조가 간

프로젝트창(위쪽)과 TT창(아래 왼쪽 : 완전 개방, 오른쪽 : 환기 모드로 상단만 개방)

단하고 견고하지만 열리는 면적이 작아 환기에 어려움이 있으며, TT 창은 완전히 열 수 있어 환기에는 유리하지만 수입 부품을 사용해야 하기 때문에 가격이 비싸고 내부 구동부품 때문에 가로세로 1미터 이상의 크기는 만들 수 없다는 단점이 있다.

아울러 유리로 만들어진 외벽은 햇볕을 반사하여 근처 건물에 피해를 주기도 한다. 63빌딩 같이 황금색으로 된 건물은 노란빛을 반사시켜 주위 건물에는 백색광이 아닌 황색광이 비춰지게 되므로 색깔이 달라져 보이게 만든다. 요즘은 이런 반사의 피해를 막기 위해 외벽에 장식물을 달아 빛을 산란시키는 대책을 강구한다.

아파트 시설물에는 무엇이 있을까?

최근에 건설되는 아파트에는 많은 첨단 시설물이 설치되어 있다. 첨단 시설물 가운데는 세대 내에 설치되어 있어 주민들이 늘 접하는 것도 있고 공용부에 위치하여 단지 관리에 유용하게 사용되는 것도 있다. 시설물에는 어떤 것이 있는지, 각각의 장단점은 무엇인지 알아보자.

:: 홈넷

가장 대표적인 첨단 설비는 홈넷이다. 홈넷은 인터폰, 전화, 온도 조절, 정보 조회(공지사항 등 확인)의 기능을 수행하며, 거실에 부착된 터치 패널 형태의 홈넷패드를 통해 제어된다.

홈넷, 이런 것의 개선을 요구하라

최신 아파트는 거실에 설치된 액정 패널(홈넷패드)을 통해 조명, 온도 조절, 인터폰, 각종 정보 조회 등의 기능을 제어할 수 있다. 또한 기종에 따라서 인터넷을 통해 홈넷패드에 접속해 외출에서 돌아올 때 미리 난방을 켤 수도 있고, 가스를 잠가 사고를 예방할 수도 있다. 우리 아파트에는 국내 최대 가전업체인 Y전자의 제품이 설치되어 있다. 하지만 입주초기 여러 가지 문제 및 개선사항이 발견되어 이에 대해 Y전자의 담당자에게 몇 가지 건의를 했는데 그중 대표적인 내용은 아래와 같다.

설문조사 기능 : 공동 주택에 살면 주민 동의를 받거나 의견을 물어야 하는 경우가 많이 발생한다. 또한 분기별로 실내 소독도 해야 하는데 이를 위해 세대원에게 서면 확인을 받아야 한다. 이때 홈넷을 통해 의견이나 확인서를 받는다면 아주 간편하게 처리할 수 있다. 물론 집안 소독 후 홈넷패드에서 확인 처리를 하도록 한다면 관리사무실에서는 당일 바로 완료 현황을 간편하게 확인할 수도 있다.

전화번호부 입력/수정 기능 : 우리 아파트에 설치된 홈넷패드는 전화번호부 기능을 제공하고 있는데 문제는 입력/수정/삭제가 홈넷패드가 아닌 인터넷을 통해서만 가능하다는 점이다. 이런 이유로 홈넷패드에는 아예 가상 키보드가 제공되지 않는다. 이보다 작은 내비게이션에도 자판이 있는데 도무지 이해할 수 없는 부분이다. 홈넷패드 가격이 수백만 원에 이르는 데도 정작 기능은 너무나 빈약한 것이 빛 좋은 개살구 같다는 느낌을 지울 수 없다(이후에 출시된 상위 버전 장비는 가상 키보드가 지원된다.).

CID 기능 : 홈넷패드에는 전화가 오거나 전화를 걸면 해당 전화번호를 기억해주는 CID 기능이 제공되고 있다. 그런데 부재 중 전화번호에 대해서는 기록이 남지 않는 문제가 있다. 핸드폰에도 받지 못한 전화에 대해서는 부재 중 표시와 함께 전화번호가 남는데 CID 전화기에는 없다는 것이 상식적으로 이해하기는 어려운 부분이다. 기술적으로 개선은 어렵지 않다.

방문차량 등록 기능 : 주민 차량의 입차 과정은 크게 리모컨이나 RF태그를 부착하여 인식하는 방법과 카메라로 차량번호를 찍어 인식하는 방법 2가지가 있다. 이 가운데 카메라 인식 방법을 사용하는 아파트는 미리 사전에 차량 번호와 방문 예정시간을 등록해두면 별도의 확인과정 없이 주민용 게이트를 통해서 빠르게 진입할 수 있도록 할 수 있다. 보통은 보안팀에 전화를 걸어 처리하는데 이런 등록 절차를 홈넷패드에서 처리하면 방문객이 편하게 입차할 수 있고, 게이트 통과시 홈넷패드에 알람이 울리도록 하여 방문객이 왔음을 알릴 수도 있다. 물론 이 기능은 홈넷과 차량 출차 시스템을 양방향으로 연계해야 하기 때문에 홈넷 소프트웨어 개선만으로는 처리할 수 없으며 아파트 설계 단계부터 미리 고려해야 한다.

:: 세대 에어컨

빌트인 냉장고, 식기세척기, 세탁기와 마찬가지로 요즘은 건물을 지을 때 에어컨을 기본으로 설치하는 추세다. 이에 따라 별도의 공간을 차지하지 않으며 미려한 외관을 가진 에어컨이 주를 이루고 있다. 일부 아파트의 경우 분양시 옵션으로 선택하도록 하고 있는데 차후 설치하겠다는 생각으로 옵션 선택을 하지 않으면 냉매 배관이 설치되지 않을 수 있고, 설사 배관이 설치되더라도 에어컨의 모양에 따라 배관을 사용하기 어렵거나 지저분해지는 경우도 발생할 수 있다. 또한 천정에 실내기를 설치할 때 많은 불편이 따를 수 있으므로 가능하면 옵션으로 선택하는 게 좋을 것 같다.

● 덕트형 VS 천정형 : 빌트인 에어컨에는 천정형(분리형)이 주로 사용되지만 일부 아파트에는 덕트형(일체형) 에어컨이 설치되어 있다. 덕트형은 대형 에어컨에서 만들어진 찬바람을 천정에 매입한 덕트를 통해 각 방에 공급하는 방식으로, 냉방을 원하는 방에만 찬바람을 공급하기 위해 추가로 공기 차단 밸브를 설치한다. 덕트형은 컴프레

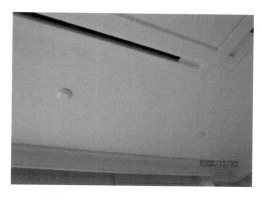
천정에 설치된 덕트형 에어컨 토출구(댐퍼)

서와 증발기가 하나의 몸체에 설치되어 있어서 효율이 좋다. 또한 천정에 찬바람을 내보내기 위한 조그만 구멍 혹은 슬롯만 설치하면 되므로 집안 인테리어를 해치지 않는다. 반면 덕트형은 청소가 어렵고 천정 속 먼지가 실내로 유입될 수 있다는 단점이 있다.

● 수랭식 VS 공랭식 : 라디에이터(보통 에어컨 실외기)에서 발생하는 열을 물로 식히면 수랭식이라고 하고, 공기로 식히면 공랭식이라고 한다. 가정용 에어컨은 대개 공랭식이다. 수랭식은 자동차 엔진과 마찬가지로 냉각 효율이 좋아 전기를 절약하고, 또한 냉각수 배관만 연결하면 냉각이 가능하기 때문에 실내 어느 곳에나 설치가 가능하므로 외부 혹은 외벽 근처에 실외기를 놓을 공간을 따로 마련할 필요도 없으므로 외벽 공간에 낭비가 없어 유리창을 보다 많이 만들 수 있다는 장점이 있다. 반면 실내에 냉각수 배관과 옥상에 냉각탑을 설치해야 하는 등 설치가 까다롭고 시설비가 많이 든다. 또한 수랭

식 시스템은 에어컨 사용 시 냉각수가 반드시 순환되어야 하므로 냉각수 계통을 가동하지 않으면 세대에서 독자적으로 에어컨을 켤 수 없는 치명적인 단점이 있다. 요컨대 전체 세대가 전부 에어컨을 가동하면 경제적일 수 있지만 일부 세대만 에어컨을 가동하면 이 세대만을 위해 냉각시스템을 가동해야 하는 상황이 발생하곤 한다.

:: CCTV 감시 시스템

일반적인 CCTV는 DVR(Digital Video Recorder)로 영상을 저장하고 필요시 녹화된 영상을 확인할 수 있다. 하나의 DVR에는 최대 16개의 CCTV를 연결하여 조회할 수 있다. 그러나 DVR은 상황에 따라 화면을 자동으로 변환할 수 없기 때문에 상황을 모니터링하는 시스템이라기보다 차후 확인을 위한 녹화 시스템이라고 보는 게 옳다. 이를 보완하려면 지자체나 경찰서의 관제소에서 사용하는 통합모니터링시스템을 도입해야 하는데 이 시스템은 상당히 고가이고 지속적인 유지보수가 필요하며 무인 운영 시스템이 아니므로 인력이 필요하다는 단점이 있다. 통합모니터링시스템의 주요 기능은 다음과 같다.

- 지도와 맵핑(mapping)된 카메라 선택
- 화재 등의 비상시 해당 카메라 자동 전환
- 다양한 카메라 영상을 조합 합성하여 한 화면에 조회
- 화면을 필요에 따라 줌인, 줌아웃, 패닝, 스크롤

:: 원격제어 시스템

강제환기, 주차장 조명 제어, 저수조 수위조절 등은 전부 자동화되어 있으며 원격으로 제어가 가능하다.

:: 원격검침 시스템

검침원이 가가호호 방문하여 전기, 급수, 온수, 난방, 가스의 사용량을 검침하는 것을 네트워크를 이용하여 자동으로 검침하는 시스

검침수수료, 누구의 수입인가?

아파트 같은 공동주택은 한전에서 직접 실시해야 할 검침 업무를 관리실에 위탁하므로 세대수에 따라 매달 일정액의 전기 검침 대행 수수료가 지급된다. 전기기사가 검침을 수행하므로 전기기사(혹은 시설관리 전원)에게 수당 명목으로 수수료를 배분하는 게 보통이나 원격 자동검침 시스템이 설치된 아파트에는 이러한 인력을 투입할 필요가 없으므로 검침수수료를 다른 아파트처럼 전기기사에게 배분해야 하는지, 아파트의 잡수입으로 귀속시켜야 하는지 논란이 되곤 한다. 업무의 특성으로 보면 아파트 잡수입으로 잡는 게 옳지만 전기 담당자는 관례적으로 본인의 수당이라는 인식이 강하다. 관행에 따라 전기기사에게 배분했다가 나중에 입대의 혹은 주민에게 이 사실이 알려지면서 소동이 일어나기도 한다. 1596세대인 우리 아파트의 경우 매달 약 65만 원의 전기검침수수료가 지급되는데 개인적으로는 시설관리자의 급여가 많지 않은 상황에서 수당으로 받아갈 수 있도록 배려하면 어떨까 싶다.
검침수수료의 귀속 여부에 대한 판례를 찾아보면 사안에 따라 업무담당자에게 귀속되어야 한다는 판례와, 입대의에 귀속되어야 한다는 판례가 공존하고 있으니 어느 한쪽 주장만 옳은 것이 아니라고 하겠다. 일부 아파트의 경우 회계의 투명성 확보를 위해 검침수수료가 입대의 통장으로 입금될 경우 업무담당자에게 수당으로 지급하면서도 이 내용을 회계에 반영해서 처리하기도 한다.

템을 말한다. 검침된 데이터는 세대에 설치된 홈넷패드를 통해 일별, 월별 조회가 가능하다.

:: 안내방송 시스템

컴퓨터에 안내 방송문을 작성해두면 자동으로 방송되는 시스템으로 'TTS(text to speech) 시스템'이라고 부른다(이 시스템은 하드웨어가 아니라 소프트웨어를 말한다.). 먼저, 작성된 문서가 이 시스템을 통해 목소리로 변환되고, 이후 변환된 목소리는 다시 컴퓨터의 사운드카드를 통해 방송시스템으로 전달된다. 국내 3개 업체가 구동 엔진을 개발했고 이 엔진을 가져다 음성 데이터 파일을 첨부하여 다양한 제품을 출시하고 있다고 한다. 예컨대 목소리가 다양한 소프트웨어(남자, 여자, 어린이), 말소리가 매끄러운 소프트웨어, 음성인식 기능에 특화된 소프트웨어 등이 있다(요즘 고객센터에 전화하면 음성을 알아듣고 자

안내방송 시스템 구입비용, 어떻게 해결할까?

우리 아파트의 경우 시공사에서 방송시스템을 설치하면서 임대 형태로 계약을 체결하여 2년간 매달 사용료를 지불하였는데 계약 기간이 종료된 후 그간 지불된 사용료만큼의 돈을 추가로 지불하여 구입해야 했다. 아파트 입주가 개시된 시점에서 입대의가 구성되었다면 이를 사전에 점검하여 계약 사항을 시정하는 게 바람직하다. 나아가 시공사에서도 전체 시공비에 비하면 얼마 되지 않는 이런 제품은 직접 구입해서 주민에게 부담을 지우지 않도록 하는 게 좋을 듯하다.

동으로 연결해주는 기능이 제공되는 곳도 있는데 이게 음성인식 기능이 사용되는 경우다.).

기타 TIP

1. 강한 바람이 불면 고층 건물은 낚싯대처럼 흔들린다. 실제 2010년 태풍 '곤파스'가 한반도를 관통할 때 고층 아파트에서 처음 강풍을 맞은 주민들은 사방에서 들리는 삐걱 소리에 뜬눈으로 밤을 새웠다고 한다. 물론 사람이 느낄 만큼 뚜렷한 흔들림이 감지되는 것은 아니지만 유리컵에 따른 물이 흔들리거나 방문이 열렸다 닫혔다 하는 현상도 일부 관찰되었다. 고층 아파트 생활이 처음인 사람 중에는 일부 어지럼증을 호소하는 경우가 있는데 이는 실제 건물이 흔들려서 생기는 현상이라기보다는 높은 곳에서 아래를 내려다볼 때 느끼는 현기증이거나 심리적인 현상에 가까운 것 같다.

2. 고층 건물은 좁은 면적 위에 많은 세대가 살게 된다. 필자의 경우 64층 타워형에 325세대가 살고 있으니 웬만한 판상형 아파트 4~5개 동과 맞먹는 숫자다. 이렇게 많은 세대가 하나의 건물에 살고 있으니 사용하는 자전거와 배출되는 쓰레기의 양이 대단하다. 자전거는 대부분 관리가 잘되지 않아 미관을 해치게 되며, 쓰레기는 건물의 특성상 건물 내 수거장에 쌓아두게 되니 매일 수거하지 않으면 심각한 문제를 일으킨다. 또 눈에 잘 띄지 않는 건물 내에 두게 되니 일반 아파트처럼 경비가 수시로 정리할 수 없고 주민도 정리가 어려운 것이 사실이다.

3. 수도 배관에서 '뿌~' 하는 소음이 들리면 : 아파트는 상층부와 하층부의 높낮이 때문에 수압의 차이가 심하다. 특히 1층에서는 상층에서 내려오는 물의 압력 때문에 물이 사방으로 튀어 사용이 어려운 경우도 있다. 이런 문제를 해결하기 위해 수압을 일정하게 유지하는 장치를 부착하게 되는데 이것이 계량기 전단에 달려 있는 '감압변(압력조절장치)'이다. 그런데 이 감압변이 고장 나면 물을 사용할 때 '뿌~' 하는 뱃고동 소리가 나는데 물을 사용하는 세대는 물소리 때문에 이 소리를 못 들어서 자기도 모르게 이웃에 피해를 주는 경우가 생긴다. 대신 아래 위층 세대에서 듣게 된다. 만일 이런 소음이 들리면

아래층이나 위층 집으로 인터폰을 넣어 물을 틀어보게 한 후 소음을 들어보면서 문제를 찾는 게 좋은 방법이다. 문제를 찾은 후 관리사무실에 연락하면 간단히 교체된다. 참고로 감압변은 냉수, 온수, 냉방수 등 물을 사용하는 모든 배관에 달려 있다.

4. 양문형 냉장고에는 냉수와 제빙을 위해 수돗물이 공급되어야 하는 경우가 있다. 이를 위해 시행사에서 미리 플라스틱 주름관을 넣어 싱크대 수도와 냉장고 간 호스를 연결할 수 있도록 하는 경우가 있다. 그런데 이런 주름관에 호스를 넣으려면 전기 배선 때 사용하는 요비선이 필요한데 냉장고나 정수기 설치 기사가 이런 도구를 가지고 다닐 리 만무하여 자기네 방식으로 외부로 설치하기 쉽다. 미리 사전에 연락하여 꼼꼼하게 준비하는 게 좋다.

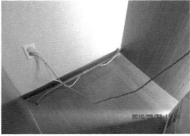

전기 배선용 요비선(왼쪽). 배관은 주방 바닥을 가로질러 싱크대와 연결된다(오른쪽).